विषुवत से कर्क तक

विषुवत से कर्क तक

मॉरीशस, मालदीव, मिस्र व मोरोक्को की यात्राएँ

डॉ. आरती ‘लोकेश’

NOTION PRESS

NOTION PRESS

India. Singapore. Malaysia.

Published by Notion Press 2026

Paperback ISBN : **9798904797331**
Hardcase ISBN : **9798904797447**

Made with ❤ on the Notion Press Platform

www.notionpress.com

विश्व हिंदी सचिवालय मॉरीशस

तथा

रबींद्रनाथ टैगोर विश्वविद्यालय भोपाल

को समर्पित

चलो घूमें विषुवत से कर्क तक

चलो घूमें शहर-शहर, देश-देश, विषुवती प्रदेश

हिमाफूशी द्वीप
सैंड बैंक द्वीप
‘हुकुरु मिस्की’
राष्ट्रीय संग्रहालय मालदीव्स
‘सुलतान पार्क’
ग्रांड फ्राइडे मॉस्क
माले बंदरगाह

3. काहिरा, मिस्र

गीज़ा पिरामिड कॉम्प्लेक्स (‘गीज़ा नेक्रोपोलिस’)
इजिप्शियन म्यूज़ियम
एल तहरीर स्क्वैयर
नील क्रूस
द ग्रेट पिरामिड
स्फ़िंक्स कॉम्प्लेक्स
द हैंगिंग चर्च
सूक-एल-फुस्तात
द फर्स्ट मॉल
सलह-अल-दीन सिटाडेल
काइरो टॉवर, ज़मलक आईलैंड
मेम्फ़िस ओल्ड सिटी

4. अलेक्ज़ेंड्रिया, मिस्र

ग्रीन प्लाज़ा कॉम्प्लेक्स
लूना बीच
अलेक्ज़ेंड्रिया कॉर्निश, क्लियोपाट्रा बीच

7. तान्जिर, मोरोक्को

तान्जिर विले स्टेशन

सोक्को पेतीत स्क्वैयर

'मदीना' तान्जिर

टेरेस बेले वू

पोर्ट डे तान्जिर विले

हिल्टन तान्जिर सिटी सेंटर

हाफा गार्डन

मर्कला गार्डन, मर्कला बीच

पार्क पर्डिकेरिस

पार्क पर्डिकेरिस

केप स्पार्टल

बुहेंदिया बीच

अचाकर बीच

हरक्यूलिस केव, केव बीच

पैलेस 9 एवरिल

ग्रांड सोक्को स्क्वैयर

ला कसबाह दे तान्जिर

पैलेस दे ला कसबाह

बाब अल बहर

बाब हाहा

पैलेस मूले हाफ़िद

'विला हैरिस' गार्डन व म्यूज़ियम

घंदूरी बीच

8. शेफ़शॉवन, मोरोक्को

यात्राओं से साहित्य की जुड़ती कड़ी

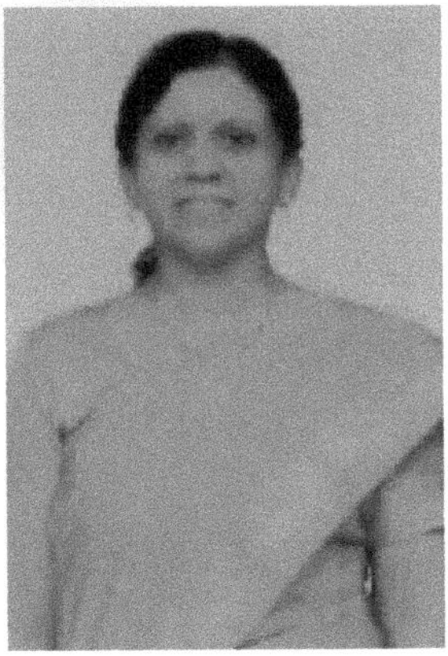

- डॉ. माधुरी रामधारी

विषुवत्-रेखा का वासी जो,
जीता है नित हाँफ-हाँफ कर।
रखता है अनुराग अलौकिक,
वह भी अपनी मातृ-भूमि पर।।

- श्री रामनरेश त्रिपाठी

'विषुवत से कर्क तक' यात्राओं के वृत्तांतों की पुस्तक हाथ में लेते ही मुझे कवि श्री रामनरेश त्रिपाठी जी की यह पंक्ति स्मरण हो आई। यात्रा-साहित्य अपने आप में अद्भुत अद्वितीय है। यह कथेतर साहित्य की प्रमुख धाराओं में से एक है।

यात्रा करना मनुष्य की स्वाभाविक प्रवृत्ति है और यही यात्रा-साहित्य का आधार है। इस साहित्य का मुख्य उद्देश्य लेखक अपने यात्रा अनुभवों को पाठकों के साथ बाँटना और उन्हें विभिन्न स्थानों की प्रकृति, समाज, संस्कृति, भाषा और जीवन-शैली से परिचित कराना होता है, जिससे पाठक भी यात्रा के लिए प्रेरित होता है।

हिंदी में यात्रा-साहित्य की शुरुआत भारतेंदु युग से मानी जाती है, जहाँ रोचक, सजीव और व्यंग्यपूर्ण शैली में यात्रा-वृत्तांत लिखे गए। प्रारंभिक दौर में दामोदर शास्त्री, देवी प्रसाद खत्री, शिवप्रसाद गुप्त और स्वामी सत्यदेव परिव्राजक जैसे लेखकों ने इस विधा को आगे बढ़ाया।

स्वतंत्रता-पूर्व काल में राहुल सांकृत्यायन का योगदान सबसे महत्वपूर्ण माना जाता है। उन्होंने यात्रा-साहित्य को नई ऊँचाई दी। उन्होंने अपने यात्रा-वृत्तांतों में केवल स्थानों का वर्णन ही नहीं, बल्कि उस समय के समाज और परिस्थितियों को भी प्रस्तुत किया।

स्वतंत्रता के बाद अज्ञेय, रामवृक्ष बेनीपुरी, यशपाल, मोहन राकेश और निर्मल वर्मा आदि लेखकों ने इस विधा को और समृद्ध किया तथा यात्रा-साहित्य को नई दिशा दी। इन लेखकों ने यात्रा-वृत्तांतों में भावनात्मक पहलू, सांस्कृतिक दृष्टि और कलात्मक तत्व जोड़कर इसे अधिक प्रभावशाली बनाया। इस प्रकार, हिंदी यात्रा-साहित्य निरंतर विकसित होता रहा है और यह लेखकों के लिए जीवन को समझने और व्यक्त करने का एक सशक्त माध्यम बन गया है।

मनुष्य स्वभाव से ही घुमक्कड़ रहा है। एक स्थान से दूसरे स्थान तक जाने, नए परिवेश को देखने और भिन्न संस्कृतियों को समझने की जिज्ञासा ने ही मानव सभ्यता को विस्तार दिया है। यात्रा केवल स्थानों का परिवर्तन नहीं, बल्कि दृष्टि का विस्तार है। यह मनुष्य को उसकी सीमाओं से बाहर निकालकर उसे प्रकृति, संस्कृति और मानवता के विविध रंगों से परिचित कराती है। ***'विषुवत से कर्क तक'*** इसी शाश्वत मानवीय प्रवृत्ति की एक सजीव अभिव्यक्ति है। यह ऐसा ही एक यात्रा-वृत्तांत है जिसमें लेखिका अपनी यात्राओं के माध्यम से, पाठक को भूमध्य रेखा से कर्क रेखा तक फैले विविध भूभागों की भूगोल, संस्कृति और जीवनानुभवों के सुंदर समन्वय की अद्भुत यात्रा पर ले जाती हैं।

डॉ. आरती 'लोकेश' की चार देशों की यात्रा की पुस्तक **'विषुवत से कर्क तक'** केवल एक भौगोलिक यात्रा का वृत्तांत नहीं, बल्कि अनुभवों, संवेदनाओं और

आत्मानुभूति की एक सजीव अभिव्यक्ति है। पुस्तक से यह स्पष्ट होता है कि यह कृति उनकी अनुभवजन्य दृष्टि, जिज्ञासाओं और निरंतर सीखने की प्रवृत्ति का परिणाम है। विषुवत रेखा से कर्क रेखा तक की यह यात्रा बाहरी दुनिया के विविध रूपों को देखने के साथ-साथ भीतर के मनोभावों की भी यात्रा बन सामने आती है।

लेखिका ने इस पुस्तक में यात्रा के दौरान देखे गए प्राकृतिक सौंदर्य, सांस्कृतिक विविधता और मानवीय संबंधों को अत्यंत संवेदनशीलता के साथ प्रस्तुत किया है। इस कृति के पीछे आरती जी की गहरी निरीक्षण शक्ति और जीवन को समझने की ईमानदार कोशिश रही है। उन्होंने स्थानों का वर्णन केवल भौगोलिक नहीं, बल्कि सामाजिक और ऐतिहासिक संदर्भों के साथ प्रस्तुत किया गया है और उन स्थानों से जुड़ी अनुभूतियों और विचारों को भी पाठकों के सामने रखा है जिससे यह कृति ज्ञानवर्धक होने के साथ-साथ अत्यंत रोचक भी बन जाती है।

लेखिका आरती जी की भाषा सहज, सरस, सरल चित्रात्मक और आत्मीय है, जो पाठक को ऐसा अनुभव कराती है मानो वह स्वयं इस यात्रा का सहभागी हो। उन्होंने अपने अनुभवों को मात्र वर्णन तक सीमित न रख के, उन्हें संवेदनाओं, स्मृतियों और आडम्बरहीनता के साथ पिरोया है जो इस कृति को और अधिक प्रभावशाली बनाता है। इस पुस्तक में डॉ. आरती 'लोकेश' ने अपने अनुभवों को मॉरीशस के श्यामल-रंगीले शामरेल से लेकर मालदीव के शांत जल-विलास तक, मिस्र के प्राचीन पिरामिडों की भव्यता से लेकर मोरक्को की हसन द्वितीय मस्जिद की स्थापत्य गरिमा तक, हर पड़ाव पाठक के मन में एक नई छवि अंकित करता है।

पुस्तक का शीर्षक 'विषुवत से कर्क तक' अपने आप में अत्यंत सार्थक और प्रतीकात्मक है। यह केवल पृथ्वी की दो महत्वपूर्ण अक्षांश रेखाओं के बीच की भौगोलिक दूरी को नहीं दर्शाता, बल्कि विविध अनुभवों, जलवायु, संस्कृतियों और जीवन-शैलियों के अंतराल को भी समेटे हुए है। मॉरीशस, मालदीव, मिस्र और मोरोक्को; ये चारों देश इस अक्षांशीय यात्रा के पड़ाव बनकर उभरते हैं, जिनके माध्यम से पाठक एक अनूठी विश्व-यात्रा का अनुभव करता है।

इस कृति की एक विशेषता इसका सुविचारित विन्यास है। लेखक ने यात्राओं को कालक्रम के बजाय भौगोलिक क्रम विषुवत रेखा से कर्क रेखा की ओर में प्रस्तुत किया है, जो पुस्तक को एक विशिष्ट संरचना प्रदान करता है। साथ ही, प्रत्येक यात्रा का विस्तृत विवरण; योजना, वीज़ा, खर्च, दर्शनीय स्थल और व्यक्तिगत अनुभव, इसे केवल साहित्यिक कृति ही नहीं, बल्कि एक उपयोगी यात्रा-मार्गदर्शिका भी बनाता है।

अतः ***'विषुवत से कर्क तक'*** एक ऐसी कृति है, जो यात्रा-वृत्तांत के साथ-साथ जीवन-दर्शन का भी परिचय कराती है, पाठकों को घर बैठे विश्व-भ्रमण का अनुभव कराती है और साथ ही उन्हें स्वयं यात्रा करने के लिए प्रेरित भी करती है। यह कृति घुमक्कड़ी की उस भावना को पुष्ट करती है, जो मानव को निरंतर आगे बढ़ने और नए आयाम खोजने के लिए प्रेरित करती है। निस्संदेह, यह पुस्तक यात्रा-प्रेमियों और जिज्ञासु पाठकों के लिए समान रूप से उपयोगी और प्रेरणादायक सिद्ध होगी उन्हें जीवन को एक नए दृष्टिकोण से देखने के लिए प्रेरित करेगी। इस कृति के लिए लेखिका आरती 'लोकेश' को अनेकोंनेक शुभकामनाएँ!

म· रामधारी

-डॉ. माधुरी रामधारी

18 अप्रैल 2026

वरिष्ठ व्याख्याता, हिंदी विभाग
महात्मा गांधी संस्थान, मोका, मॉरीशस
भूतपूर्व महासचिव,
विश्व हिंदी सचिवालय, मॉरीशस

भूगोल से संस्कृति और इतिहास से हृदय को जोड़ती एक अनुपम वैश्विक महायात्रा

- श्रीमती सुनीता पाहूजा

एक स्थान से दूसरे स्थान तक जाना मात्र ही यात्रा नहीं कहलाता, बल्कि इसमें मनुष्य के अनुभवों, उसकी संवेदनाओं और दृष्टिकोण का विस्तार भी शामिल होता है। जब एक संवेदनशील रचनाकार यात्रा करता है तो वह दृश्यों को सिर्फ देखता नहीं, बल्कि उन्हें जीता है, आत्मसात करता है, उनके भीतर छिपी संस्कृति, इतिहास और मानवीय संघर्षों को महसूस करता है। इन्हीं मुखर अनुभूतियों को लिपिबद्ध करने से यात्रा-वृतांत सृजित होते हैं। फ़ाहियान, ह्वेनसांग, इब्न बतूता और मार्को पोलो की प्राचीन परंपरा का स्मरण करते हुए जब हम डॉ. आरती 'लोकेश' की सद्य-प्रकाशित कृति **'विषुवत से कर्क तक'** के पन्ने पलटते हैं, तो यह अनुभूति होती है कि यात्रा-साहित्य आज भी उतना ही सजीव है जितना सदियों पहले था।

डॉ. आरती 'लोकेश' हिंदी साहित्य जगत की एक सशक्त और बहुआयामी हस्ताक्षर हैं जिनकी लेखनी में विविधता और गहराई का अद्भुत संगम है। इसका प्रमाण हैं उनकी अब तक की दो दर्जन से अधिक कृतियाँ, जिनमें उपन्यास, कविता-संग्रह, कहानी-संग्रह, शोध-ग्रंथ, यात्रा-वृत्तांत और संपादित पुस्तकें सम्मिलित हैं। एक संपादक, समीक्षक और मुखर वक्ता के रूप में उनका वैश्विक दृष्टिकोण इस यात्रा-वृत्तांत के पन्नों में स्पष्ट रूप से परिलक्षित होता है। उल्लेखनीय है कि लेखिका ने इन यात्राओं को कालक्रम के अनुसार नहीं, बल्कि अक्षांशों के क्रम में सजाया है- विषुवत से धीरे-धीरे कर्क की ओर। एक रचनात्मक निर्णय का परिचय देता यह क्रम पुस्तक का काव्यात्मक शीर्षक बन पड़ा है ठीक इसके चारों खंडों के उप-शीर्षकों की तरह। हिंद महासागर में बसे मॉरीशस से लेकर अटलांटिक के तट पर खड़े मोरोक्को तक, मालदीव के मूँगा-द्वीपों से होते हुए नील नदी की चिर-पुरातन सभ्यता मिस्र तक की यात्राओं का यह संकलन केवल यात्रा वृत्तांत नहीं बल्कि एक संवेदनशील मन की अनुभूतियों का सांस्कृतिक दस्तावेज़ है। आरती जी का यह लेखन हिंदी यात्रा-साहित्य की उस समृद्ध परंपरा की याद दिलाता है जिसकी नींव राहुल सांकृत्यायन जैसे अन्वेषकों और अज्ञेय जैसे संवेदनशील कवियों ने रखी थी। वे उसी शोध-परक दृष्टि और काव्यात्मकता को आज के वैश्विक संदर्भों में एक नया और व्यापक फलक प्रदान करती हैं।

साहित्य की सार्थकता इसी में है कि वह पाठक के सोए हुए अनुभवों को जगा दे। डॉ. आरती की इस कृति में **'ईख कृषि का गिरमिटिया देश - मॉरीशस'** अध्याय को पढ़ते-पढ़ते मेरे उन पलों की स्मृति-यात्रा शुरू हो गई जो मॉरीशस में मेरे तीन वर्ष के राजनयिक प्रवास के दौरान मेरे अस्तित्व का हिस्सा बने थे। याद आने लगा **राम मंदिर और रामायण सेंटर,** जहाँ कार्यक्रमों में आमंत्रित किए जाने पर सेंटर की अध्यक्ष डॉ. विनू अरुण जी औपचारिकता के साथ-साथ बड़े ही स्नेह और आत्मीयता से भी स्वागत करती थीं। यहाँ तक कि मेरा कार्यकाल समाप्त होने के बाद उन्होंने मेरी संपादित पुस्तक 'मॉरीशस की साहित्यिक सुगंध' का लोकार्पण कार्यक्रम रामायण सेंटर में बड़ी ही भव्यता के साथ किया।

इसी तरह पुस्तक में **गंगा तालाब** के वर्णन ने भी मन को भावुक कर दिया। मुझे याद आया हर शिवरात्रि पर भक्तों का वह अपार उत्साह और इस अवसर पर देश के प्रधानमंत्री माननीय प्रवीण जगन्नाथ जी की माता जी व भारतीय उच्चायुक्त महामहिम नंदिनी सिंग्ला जी के साथ, भारत से लाया गंगा जल का गंगा तालाब में मिलाया जाना और फिर क्रेन के ज़रिए, मंगलमहादेव की 80 फुट ऊँची मूर्ति पर जलाभिषेक करना।

लेखिका ने जब मॉरीशस के प्राकृतिक सौंदर्य का चित्रण किया, तो मेरी आँखों के सामने **ब्लू बे** का वह अगाध नीला विस्तार और **सफ़ेद चाँदी जैसी चमकती रेत** सजीव हो उठी। **माहेबर्ग समुद्रतट** की आबोहवा आज भी मेरे भीतर रची-बसी है। मुझे याद आई **शामरेल की वह सतरंगी धरती**, जो प्रकृति के किसी जादुई स्पर्श जैसी प्रतीत होती है।

परंतु मॉरीशस मेरे लिए केवल पर्यटन का केंद्र नहीं था; वह मेरी कर्मभूमि थी। **विश्व हिंदी सचिवालय** में की गई गंभीर बैठकें, वैश्विक स्तर पर आयोजित हिंदी व संस्कृति से जुड़े अनेकानेक कार्यक्रम, **आप्रवासी घाट** पर हर वर्ष 2 नवंबर को गिरमिटिया दिवस के ऐतिहासिक कार्यक्रम में शिरकत, पाम्प्लेमूसेस में 15 अगस्त को भारत के स्वतंत्रता दिवस के उपलक्ष्य में ध्वजारोहण; ये सब स्मृतियाँ मुझे स्पंदित करती रहीं। इस सफ़र में मुझे उन सबकी भी याद आने लगी जिनके साथ काम के सिलिसले में भेंट, बैठकें आदि करते-करते कब उनसे घनिष्ठता हो गई, पता ही नहीं चला। ओजस्वी व्यक्तित्व की धनी माननीया उप प्रधानमंत्री व शिक्षा मंत्री **श्रीमती लीलादेवी दूखुन-लछमन जी**, कुशल मार्गदर्शक के रूप में प्रमुख लेखिका, शिक्षाविद् और सांस्कृतिक कार्यकर्ता व मॉरीशस भोजपुरी स्पीकिंग यूनियन की अध्यक्ष **डॉ. सरिता बुद्धु जी** इत्यादि। अनेक सांस्कृतिक-कूटनीतिक अनुभव इस पुस्तक को पढ़ते हुए पुनः ताज़ा हो गए।

मेरा सौभाग्य रहा कि उन्हीं दिनों डॉ. आरती के उपन्यास **‘कारागार – एक बंदिनी का अपराध और प्रेम से द्वंद्व’** को महात्मा गांधी संस्थान, मोका द्वारा **‘आप्रवासी**

साहित्य सृजन सम्मान' से अलंकृत किया गया, और उस निर्णायक मंडल का अंग बनने का अवसर मुझे भी मिला। उस समय पहली बार उनकी कलम की संवेदनशीलता, गहराई और भाषाई सामर्थ्य से मेरा निकट परिचय हुआ था, और इसीलिए जब **'विषुवत से कर्क तक'** मेरे हाथों में आई, तो मेरे लिए यह केवल एक नई पुस्तक नहीं, बल्कि उसी प्रवाहमयी लेखनी की एक और सशक्त अभिव्यक्ति का अनुभव था।

डॉ. आरती केवल पर्यटक नहीं, अनुसंधित्सु यात्री हैं। मॉरीशस की मिट्टी में गिरमिटिया इतिहास की पीड़ा को भी वे महसूस करती हैं और सांस्कृतिक पुनर्जागरण की गौरवगाथा का वर्णन भी। इस 'हिंद महासागर के स्वर्ग' के निर्माण के पीछे छिपी सांस्कृतिक जिजीविषा को पहचानना एक मर्मज्ञ साहित्यकार का ही काम है, जिसे डॉ. आरती ने पूरी ईमानदारी से निभाया है। इसके साथ ही उनकी लेखनी की सबसे बड़ी विशेषता उसकी पारदर्शिता और उसका संतुलन है। उनके वर्णनों में ग्रांड बे का बाज़ार उतना ही जीवंत है जितनी काहिरा की पिरामिड-गाथा; शामरेल की सतरंगी धरती उतनी ही चमकदार है जितनी शेफ़शॉवन की नीली गलियाँ; प्राकृतिक सौंदर्य से भरपूर मालदीव की लहरों का मधुर कलरव उतना ही श्रवणीय है जितना मराक्केश के 'जेमा-अल-फेना' की हलचल। नील नदी की लहरों के साथ इतिहास की गूँज सुनना और अलेक्जेंड्रिया की गलियों में बीते वैभव को तलाशना, पाठक को एक अलग ही संसार में ले जाता है। मोरक्को और जिब्राल्टर जलसंधि के वर्णन में अरब दुनिया की संस्कृति और 'मगरेब स्थल' की विशिष्टता को उन्होंने बहुत ही सूक्ष्मता से उकेरा है। वे केवल यह नहीं बतातीं कि कहाँ क्या देखें; वे यह भी बतातीं हैं कि उस स्थान की धड़कन में कौन-सा इतिहास, कौन-सा भूविज्ञान, कौन-सी लोककथा, कौन-सी आस्था और कौन-सा मानव-संघर्ष धड़क रहा है।

प्रवासी भारतीय होने के कारण उनकी यात्रा-दृष्टि और भी विशिष्ट हो जाती है। पिछले 21 वर्षों से दुबई में प्रवास करते हुए भी उन्होंने जिस तरह अपनी जड़ों और वैश्विक अनुभवों को जोड़ा है, वह काबिले-तारीफ़ है। हिंदी को विश्व के अनेक मंचों

तक ले जाने वाली यह लेखिका जब किसी देश में जाती हैं, तो वहाँ की रग-रग में बसे भारतीय तत्त्व को भी पहचान लेती हैं- मिस्र के बाज़ारों में सुनाई पड़ती हिंदी फ़िल्मों की धुनें हों या मोरोक्को में बसे भांजे-भांजी का वात्सल्य। उनके लिए विश्व एक 'विश्वग्राम' है, जिसमें हिंदी एक सेतु-भाषा है और यह पुस्तक उसी सेतु पर एक नया स्तंभ स्थापित करती है।

पुस्तक में सम्मिलित जीवंत और रंगीन चित्र केवल दृश्यों का दस्तावेजीकरण मात्र नहीं हैं, बल्कि वे लेखिका के शब्दों को एक विशिष्ट आभा प्रदान करते हैं, जिससे पाठक स्वयं को उसी स्थान पर उपस्थित अनुभव करता है। पाठकों को अपना सहयात्री बनाकर एक सांस्कृतिक महायात्रा पर ले जाती यह पुस्तक व्यावहारिक तौर पर भी बहुत उपयोगी है। निस्संदेह, इसे पढ़कर पाठक अपनी स्वयं की यात्रा की तैयारी भी कर सकता है। यात्रा की तैयारी, योजना, उड़ानों के विकल्प, टिकटों के दाम, वीज़ा, ठहरने के होटल, स्थानीय सिम कार्ड, दिन-प्रतिदिन की योजना और अन्य आवश्यक सूचनाओं के समावेश से यह साहित्यिक कृति एक उपयोगी मार्गदर्शिका भी बन पड़ी है। यह कृति सूचनात्मकता और पठनीयता का एक दुर्लभ समन्वय है।

भाषा की दृष्टि से यह कृति अत्यंत सरल, सहज और प्रवाहमयी है। लेखिका ने जटिल ऐतिहासिक तथ्यों और सूक्ष्म भौगोलिक विवरणों को जिस कथात्मक और आत्मीय ढंग से प्रस्तुत किया है, वह सराहनीय है। उनकी शैली विवरणात्मक के साथ-साथ संवेगात्मक भी है। प्रकाशक ने भी पुस्तक के सुरुचिपूर्ण ले-आउट और पठनीय फॉन्ट्स के माध्यम से इस साहित्यिक यात्रा को पाठकों के लिए और भी सुखद बना दिया है। कवर पृष्ठ को देखकर तो उसे ही एक शीर्षक देने का मन हुआ- 'भूगोल से संस्कृति और इतिहास से हृदय को जोड़ती एक अनुपम वैश्विक महायात्रा'।

मुझे पूर्ण विश्वास है कि **'विषुवत से कर्क तक'** घुमक्कड़ों के बस्ते में, साहित्य-प्रेमियों की मेज़ पर और हिंदी के विद्यार्थियों के पाठ्यक्रम में; तीनों ही स्थानों पर

अपना अधिकार-पूर्ण स्थान बनाएगी और उन्हें भी नई यात्राओं के लिए प्रेरित करेगी- केवल बाहर की दुनिया में नहीं, बल्कि अपने भीतर की दुनिया में भी। विश्व हिंदी सचिवालय, मॉरीशस और रबींद्रनाथ टैगोर विश्वविद्यालय, भोपाल को समर्पित यह कृति भारत की सांस्कृतिक कूटनीति के क्षेत्र में भी एक महत्वपूर्ण योगदान सिद्ध होगी।

डॉ. आरती 'लोकेश' को इस अनूठी कृति के लिए हार्दिक बधाई और शुभकामनाएँ! पाठकों को अग्रिम शुभयात्रा। आइए, इन पन्नों के साथ हम भी विषुवत से कर्क तक की यह सुंदर यायावरी आरंभ करें।

सस्नेह,

सुनीता पाहूजा

[पूर्व राजनयिक (हिंदी एवं संस्कृति)]

(त्रिनिदाद एवं टुबेगो)
तथा (मॉरीशस)
30 अप्रैल 2026

कोस-कोस बदलता पानी

कोस दूरी मापने की एक प्राचीन भारतीय इकाई है, जो लगभग दो मील या सवा तीन किलोमीटर की दूरी के बराबर होती है। आम माप-तौल में इसे चार हज़ार से आठ हज़ार हाथ के बराबर माना जाता है। ग्रामीण क्षेत्रों में बुजुर्गों द्वारा दूरी बताने के लिए आज भी इसका प्रयोग किया जाता है- खेत घर से पाँच कोस दूर है। तीर्थस्थलों की दूरी नापने में, जैसे- 'ब्रज की चौरासी कोस की परिक्रमा' आदि। प्राचीन इकाई होने के कारण इसका प्रयोग मुहावरों में भी होता रहा है, 'कोसों दूर रहना' या 'कोसों भागना'; और 'कोस-कोस पर पानी बदले, चार कोस पर वाणी' लोकोक्ति तो आपने सुनी ही होगी।

कोस शब्द संस्कृत के 'क्रोश' से बना है, जिसका अर्थ उस दूरी से है जहाँ तक एक व्यक्ति की आवाज़ सुनी जा सके। अर्थात् एक कोस के बाद व्यक्ति की आवाज़ खो जाती है यानी वहाँ व्यक्ति की पहचान किसी अपने के रूप में न होकर 'परदेसी', 'पाहुना', 'आगंतुक' या 'यात्री' के नाम से होती है। पानी बदलने की तो कदाचित संभावना मात्र ही हो किंतु परिचय अवश्यम्भावी बदल जाता है। एक कोस बाद का क्षेत्र अपना इलाका न होकर नया व अलग हो जाता है। इन अलग स्थानों पर ही हम घूमने का विचार बनाते हैं। हमारे आस-पास कितने ही जगप्रसिद्ध स्थल क्यों न हों, घूमने के लिए हम कम से कम कुछ कोस दूर तो जाते ही हैं। यह मनुष्य का ऐतिहासिक स्वभाव है। अगर मनुष्य ऐसा न करता तो दो भिन्न मानव समाज एक-

दूसरे से कैसे मिलते और कैसे उनमें संस्कृतियों का आदान-प्रदान होता। यही कारण है कि ऐतिहासिक यात्राओं ने विश्व इतिहास और सभ्यताओं को समझने में महत्वपूर्ण भूमिका निभाई है। याद आते हैं मुझे बचपन में पढ़े हुए ऐतिहासिक यात्री, जिसमें (चीनी यात्री) फाहियान तथा ह्वेनसांग, इब्न बतूता (मोरोक्को), और मार्को पोलो (इटली) सबसे प्रमुख हैं। इन यात्रियों ने अपने यात्रा वृत्तांतों के माध्यम से तत्कालीन संस्कृतियों, भूगोल और शासन प्रणालियों का विस्तृत विवरण दिया। अमेरिका की खोज करने वाले जेनेवा इटली के नाविक क्रिस्टोफर कोलंबस तथा यूरोप से भारत तक के समुद्री मार्ग की खोज करने वाले पुर्तगाली नाविक वास्को डी गामा को कौन नहीं जानता। कहने का तात्पर्य है कि मानव के अस्तित्व और मानवता की खोज के लिए घूमना बहुत आवश्यक है।

धरती भी तो पूरी यायावर है। उसके घूमने से ही दिन रात बनते हैं। धरती पर घूमने के लिए, उसके स्थानों की सही स्थिति जानने के लिए उस पर काल्पनिक रेखाएँ-अक्षांश और देशांतर खींची गई हैं। देशांतर रेखाएँ उत्तरी ध्रुव से दक्षिणी ध्रुव को चलती हैं। अक्षांश रेखाएँ पृथ्वी के घूमने की दिशा पूर्व से पश्चिम की ओर चलती हैं। इनमें सबसे बड़ी है भूमध्य रेखा, जिसे विषुवत रेखा भी कहते हैं। यह पृथ्वी को उत्तरी और दक्षिणी गोलार्द्ध में बाँटती है। विषुवत रेखा से उत्तर की ओर चलने पर अगली महत्त्वपूर्ण अक्षांश रेखा है-कर्क रेखा।

भूमध्य रेखा, जिसे अंग्रेज़ी में 'इक्वेटर' कहते हैं, की कुल लंबाई लगभग 12,523 कोस है। यह अक्षांश रेखा पृथ्वी पर सबसे अधिक तापमान वाले उष्णकटिबंधीय क्षेत्रों से होकर गुजरती है। पृथ्वी पर भूमध्य रेखा के दोनों ओर 10° उत्तरी और 10° दक्षिणी अक्षांशों के बीच स्थित गर्म और आर्द्र क्षेत्र विषुवत रेखीय प्रदेश कहलाते हैं। विषुवत प्रदेश में भारी वर्षा और घने सदाबहार वन व वनस्पतियाँ पाई जती हैं। इसे भूमध्यरेखीय प्रदेश या उष्णकटिबंधीय वर्षावन प्रदेश भी कहते हैं। विषुवत प्रदेश में सारे मौसम बहुत खूबसूरती से विद्यमान रहते हैं। इससे ऊपर और नीचे दोनों ही ध्रुवों पर जीवन न के बराबर है।

इस बार हमने भी अपनी घुमक्कड़ी जिज्ञासा के लिए विषुवत से कर्क रेखा को चुना। विषुवत रेखा के नीचे ठहरा मॉरीशस, ठीक उसके ऊपर टिका मालदीव, कर्क रेखा पर बसा मिस्र और कर्क से ऊपर उछला मोरोक्को। इन अक्षांश रेखाओं के घेरों में कैद जलनिकायों में से हिंद महासागर में मॉरीशस है। हिंद माहासागर के अरेबियन सागर वाले भाग में मालदीव है। लाल सागर और भूमध्य सागर से दो ओर से घिरा मिस्र है। मोरोक्को एक ओर से भूमध्य सागर व दूसरी ओर से अटलांटिक महासागर के किनारे बसा है। अलग-अलग समय में की गई इन चार देशों की यात्राओं के वृत्तांत भी लिखे गए। ये चारों ही यात्राएँ ऐसी रहीं कि इनमें हम, एक-दूसरे के जीवनसाथी, दो प्राणी ही यात्री रूप में रहे।

इन चारों में से सबसे पहले अवसर बना था 'मालदीव' का । यह यात्रा नवम्बर 2022 में की गई। इसके बाद 'मिस्र' जाना हुआ दिसम्बर 2023 में। मॉरीशस की साहित्यिक यात्रा और घूमना हुआ अगस्त 2024 में और मोरोक्को का ट्रिप लगा मार्च 2025 में। यही चारों यात्राएँ इस पुस्तक में भी सम्मिलित हैं। यद्यपि इस दौरान और भी यात्राएँ की गईं लेकिन अवधि व वृत्तांतों की लम्बाई को देखते हुए उनकी अलग पुस्तक हुई। 'सात समुंदर पार' 2023 जुलाई-अगस्त में की गई मुख्य्त: अमेरिका व आंशिक कनाडा के यात्रा-वृत्तांतों का संग्रह है। इससे भी पूर्व 'झरोखे' नामक पुस्तक में मेरी यात्राओं यूक्रेन, मोंटेनेग्रो, किर्गिस्तान, मलेशिया और ओमान; पाँच देशों के यात्रा-वृत्तांत संकलित हैं।

जब मालदीव, मिस्र, मॉरीशस और मोरोक्को के यात्रा-वृत्तांतों को पुस्तक रूप में समेटने का विचार बना तो खूब ढूँढ-भाल के कोई 25-30 शीर्षकों की सूची छाँटी गई किंतु कोई भी नाम इन चारों देशों की खूबियों को एकाकार करता और आत्मसात करता न प्रतीत होता था। इन देशों की भौगोलिक स्थिति की जानकारी तो थी ही और वहीं से यह विचार आया कि इस पुस्तक का नाम 'विषुवत से कर्क तक' ऐसा रखा जाए। इस नाम को सार्थक करते हुए ही पुस्तक में इन आलेखों को घूमने के कालक्रम के अनुसार न रखकर भूमध्य और कर्क अक्षांशों पर इनकी स्थिति को देखते हुए विषुवत से शुरु कर कर्क की ओर धीरे-धीरे कदम बढ़ाने के

क्रम में रखा गया है। अत: मॉरीशस, मालदीव, मिस्र और फिर मोरोक्को के संस्मरण को रखा गया है।

ये चार देश मिलाकर 30 से अधिक देशों की यात्राएँ हो गई हैं। अब तक जिन-जिन देशों की यात्रा की है, वे हैं- नेपाल, यू.के., यूरोप (नीदरलैंड्स, जर्मनी, ऑस्ट्रिया, स्विट्ज़रलैंड, इटली, रोम, वाटिकन सिटी, बेल्जियम, फ्रांस), सल्तनत ऑफ़ ओमान, थाईलैंड, जॉर्जिया, सेशेल्स, यूक्रेन, मोंटेनेग्रो, जॉर्डन, सऊदी अरेबिया, किर्गिस्तान, मलेशिया, मालदीव, अमेरिका, कनाडा, मिस्र, मॉरीशस और मोरोक्को।

इन चारों देशों की यात्राओं, नियोजन व तैयारी का अलग-अलग अनुभव व किस्से रहे। मालदीव में कुल पाँच दिन, मिस्र में आठ दिन, मॉरीशस में छ: दिन और मोरोक्को में आठ दिन लगाए गए। निश्चित रूप से जहाँ-जहाँ आठ दिन लगाए गए, एक से अधिक शहर देखे गए। मिस्र में काइरो (काहिरा) 5 दिन तथा अलेक्ज़ेंड्रिया 3 दिन घूमे। सबसे सुविधाजनक मोरोक्को घूमना हुआ जिसका श्रेय भांजे मयूर तथा उसकी पत्नी हिंद को जाता है। मयूर ने मोरोक्को में पाँच वर्ष निवास किया और ये सारे शहर अच्छी तरह घूमे तो वहीं हिंद मोरोक्को मूल की फ्रेंच नागरिक है तो इन दोनों ने हमें दुबई बैठे ही अपने शब्द-चित्रों से पूरा मोरोक्को घुमा दिया था। अत: मोरोक्को में हम चार शहर की यायावरी आराम से कर पाए। यहाँ हम कासाब्लांका, मराक्केश, तान्जिर तथा शेफ़शॉवन घूमे। इस सारे वृत्तांत को दो हिस्सों में बाँटा। कासाब्लांका और मराक्केश को एक साथ बाँधा तो तान्जिर तथा शेफ़शॉवन एक साथ अलग से। इसमें भी मुख्यत: बुलेट ट्रेन द्वारा कासाब्लांका से तान्जिर जाना और वापस कासाब्लांका आने तक का पूरा वृत्तांत दूसरे हिस्से में है।

अच्छा, एक बात और... इस पुस्तक के नामकरण के बारे में बहुत विचार करना पड़ा। पिछली दो पुस्तकों 'झरोखे' और 'सात समुंदर पार' का नामकरण बहुत ही फटाफट हो गया था। इस तीसरी पुस्तक 'विषुवत से कर्क तक में सम्मिलित चारों देश के नाम 'म' अक्षर से शुरु होते हैं तो बहुत कोशिश की इस संयोग को दर्शाते

हुए किसी शीर्षक की सृष्टि हो जाए किंतु सफलता न मिली। परिवार में बच्चों और पति को शीर्षक 'विषुवत से कर्क तक' बताया तो उन सबको बहुत पसंद आया अत: यही निश्चित हुआ।

इन सभी वृत्तातोंमें ली गई उड़ानों, हवाई-अड्डों, घूमने वाली जगहों के अलावा, वीसा की आवश्यकताओं तथा दर्शनीय स्थलों की टिकटों की कीमतों आदि का ब्योरा भी दिया गया है ताकि इस पुस्तक को पढ़कर घूम आने वालों को इससे अपना ट्रिप प्लान करने में सुविधा हो। कुछ वृत्तांत दिन के अनुसार भी दिए गए हैं जिससे पूरी योजना बनाना सरल हो। पाठकगण चाहें तो और कौन-कौन से स्थान देखने जा सकते हैं, अधिकांश वृत्तांत के अंत में यह भी दिया गया है। कुल मिलाकर घुमंतुओं के लिए यह पुस्तक बड़े काम की हो सकती है।

कथा साहित्य कितने भी पाठक जुटा ले, कथेतर सामग्री की एक अलग ही जगह है। ये वृत्तांत जैसे ही रचे गए, हाथोंहाथ पत्रिकाओं द्वारा लिए गए। राजस्थान हिंदी ग्रंथ आकादमी की द्वैमासिक पत्रिका 'हिंदी बुनियाद' के दिसम्बर 2022-जुलाई 2023 के संयुक्तांक में मालदीव का यात्रा वृत्तांत प्रकाशित हुआ। दोहा, कतर, खाड़ी देश से निकलने वाली नजागरण की अंतरराष्ट्रीय त्रैमासिक पत्रिका 'नवचेतना' के जून-जुलाई 2025 के पर्यटन विशेषांक अंक में अलेक्ज़ेंड्रिया की यात्रा प्रकाशित हुई। मॉरीशस की यात्रा विश्व हिंदी सचिवालय मॉरीशस से निकलने वाली वार्षिक पत्रिका 'विश्व हिंदी साहित्य' 2025 में प्रकाशित हुई। तत्पश्चात न्यूयॉर्क अमेरिका से प्रकाशित हिंदी प्रतिनिधि पत्रिका 'सौरभ' जनवरी-मार्च 2025 अंक में काइरो, मिस्र की यात्रा प्रकाश में आई।

एक-एक जानकारी की पुनश्च जाँच करते हुए, अपने अनुभवों और उत्पन्न भावों के सम्मिश्रण से मैंने इस पुस्तक को उपरोक्त चार देशों की यात्राओं से सजाया है। स्थान-स्थान पर स्वयं के लिए चित्रों द्वारा उसे उपयोगी और समझने योग्य बनाने की कोशिश की है। यह पुस्तक मेरे साथ आपको भी विषुवत से कर्क तक की सैर करा लाएगी, ऐसा मेरा पूर्ण विश्वास है। इन चार देशों में से किसी एक में भी घूम आने के

लिए यह पुस्तक अगर घुमक्कड़ों को प्रेरित कर सके, तो मैं अपने लेखन को सार्थक समझूँगी। इन चार देशों के प्रति मेरे विचार-अनुभवों की साक्षी यह पुस्तक अब आपके कुशल मूल्यांकन के लिए भ्रमण-प्रेमी पाठकों और घूमते रहने वाले बंजारों के सुपुर्द है। आशा है इस पुस्तक में व्याप्त अभिव्यक्ति से सहमति जताने या सुझाव बताने के लिए आप अवश्य मुझसे संपर्क कर मुझे कृतकृत्य करेंगे।

स्नेहाकांक्षी

डॉ. आरती 'लोकेश'

11 अप्रैल 2026

+971504270752

arti.goel@hotmail.com

लोकि विलोकि

'यत्र यत्र मनः, तत्र तत्र पथः', कभी पढ़ा था इसका अर्थ कि 'जहाँ चाह, वहाँ राह'। घूमने की आदत का बीजारोपण बचपन में ही माता-पिता ने कर दिया था। हम सपरिवार एक-एक महीने भारत दर्शन को जाया करते थे। दुबई यू.ए.ई. में प्रवास के बाद इस प्रवृत्ति ने 'अथातो देशान्तर-दर्शनम्' का रूप ले धर दबोचा। इस प्रवृत्ति के चलते दुनिया के 30 से अधिक देशों का भ्रमण करने के पश्चात परमपिता की वंदना व अभिनंदन करती हूँ कि 'लोकि विलोकि' की शारीरिक क्षमता, आर्थिक सामर्थ्य व मानसिक आकांक्षा दी।

मॉरीशस गणराज्य, मालदीव, मिस्र व मोरोक्को के प्रवासन प्रबंधन अधिकारियों की आभारी हूँ कि उन्होंने अपने देशों में घूमने की अनुमति प्रदान कर इन यात्रा-वृत्तांतों के बीजारोपण में महत्त्वपूर्ण भूमिका निभाई। इन देशों को सँभाले हुए जलसृष्टि हिंद माहासागर, अरब सागर, लाल सागर, भूमध्य सागर तथा अटलांटिक महासागर तक को निहारने का अवसर मिलने पर उन अद्वितीय पलों की भी शुक्रगुज़ार हूँ जब इन्हें आँखों के कैमरे में कैद कर सकी।

राजस्थान हिंदी ग्रंथ आकादमी की द्वैमासिक पत्रिका 'हिंदी बुनियाद' में मालदीव के द्वीपों को स्थान देने के लिए प्रधान संपादक श्री बजरंग लाल सैनी तथा संपादक श्री रामानंद राठी जी; दोहा, कतर, खाड़ी देश से निकलने वाली नजागरण की अंतरराष्ट्रीय त्रैमासिक पत्रिका 'नवचेतना' के पर्यटन विशेषांक में अलेक्ज़ेंड्रिया मिस्र के यात्रा-वृत्तांत को लेने के लिए प्रधान संपादिका सुश्री शालिनी वर्मा जी; न्यूयॉर्क अमेरिका से प्रकाशित हिंदी प्रतिनिधि पत्रिका 'सौरभ' में काइरो, मिस्र की यात्रा प्रकाश में लाने के लिए प्रधान संपादक डॉ. हरिसिंह पाल जी; मॉरीशस के

यात्रा-वृत्तांत को विश्व हिंदी सचिवालय मॉरीशस से निकलने वाली वार्षिक पत्रिका 'विश्व हिंदी साहित्य' द्वारा अपनाने के लिए प्रधान संपादक डॉ. माधुरी रामधारी जी तथा संपादक डॉ. शुभंकर मिश्र जी की हृदय की गहराइयों से उपकृत हूँ।

इस पुस्तक की अति महत्त्वपूर्ण भूमिका प्रदान कर डॉ. माधुरी रामधारी जी ने अपने अमूल्य समय व व्यस्ततम दिनचर्या से कुछ क्षण निकालकर अपनी कलम के प्रकाश से मुझे धन्य किया। इसकी इतनी योग्य, सार्थक व आत्मीय प्रस्तावना प्रदान कर सुश्री सुनीता पाहूजा जी ने अनुगृहीत किया। इस पुस्तक के प्रकाशन की सूचना से प्रवासी साहित्यिक मित्रों, सहयोगियों और प्रियजन ने अपने अनमोल अशीर्वचनों से मुझे कृतार्थ किया।

मेरी यात्राओं के सदा सहभागी बनने और कदमताल मिलाते हर पग पर मेरा साथ देने वाले सहचर श्री लोकेश कुमार गोयल के स्नेह-प्रेमांशु पाकर हृदय से गदगद हूँ। मेरे यात्रा-वृत्तातोंपर शुरु से ही इतना स्नेह बरसाने वाले मित्रों व संबंधियों को धन्यवाद ज्ञापित करती हूँ। इस पुस्तक रूप में सहेजने पर प्रूफ़ रीडिंग कर इसे त्रुटिमुक्त बनाने के प्रयास में सहायता करने के लिए अनन्य सखी मीरा ठाकुर की कृतज्ञ हूँ।

इस पुस्तक के भावी पाठकों को अग्रिम धन्यवाद प्रेषित करती हूँ। इसे पढ़कर अगर आप किसी एक देश भी सफलतापूर्वक भ्रमण कर आते हैं तो इस पुस्तक की रचना सार्थक कहलाएगी। जिस प्रकार मेरे यात्रा-वृत्तांतों के पहली दो पुस्तकों 'झरोखे' तथा 'सात समुंदर पार' को अपनी स्नेहगंगा में भिगोकर आप सबने मुझे कृतकृत्य किया, आशा है 'विषुवत से कर्क तक' को भी वहे स्नेह राशि प्राप्त होगी। अपनी उदार प्रतिक्रियाओं और टिप्पणियों से मेरा मार्गदर्शन करने वाले सुधीजन की मैं ऋणी रहूँगी।

आपकी अपनी
आरती 'लोकेश'

चल मेरे सफ़ीना

यह आलेख यात्रा से पहले और यात्रा के दौरान की जाने वाली तैयारियों तथा सावधानियों के बारे में उपयोगी मार्गदर्शन देता है। यात्रा पर जाने से पूर्व इसे अवश्य पढ़ें क्योंकि कहाँ जाना है, कब जाना है इत्यादि तैयारी तो हो ही चुकी होगी।

किसी भी स्थान की यात्रा पर निकलने से पहले केवल सामान ही नहीं, बल्कि कई आवश्यक बातों की अच्छी तरह तैयारी कर लेना जरूरी होता है। सही योजना और सावधानी यात्रा को सुखद और सफल बनाती है।

सबसे पहले सामान की बात करें तो मौसम के अनुसार कपड़े, छतरी, आरामदायक जूते, धूप का चश्मा और दैनिक उपयोग की वस्तुएँ साथ रखनी चाहिए। यात्रा में सामान कम रखना बेहतर होता है, ताकि सँभालना आसान रहे और खरीदारी के लिए जगह भी बची रहे। साथ ही, पासपोर्ट, टिकट, वीज़ा और बुकिंग से जुड़े सभी जरूरी दस्तावेज सुरक्षित रखना अत्यंत आवश्यक है। एक पेन और नोटपैड भी काम आ सकते हैं। महँगी और अनावश्यक वस्तुएँ ले जाने से बचना चाहिए।

यात्रा के दौरान, चाहे बस, ट्रेन या हवाई जहाज से सफर हो, आरामदायक कपड़े पहनना चाहिए। रास्ते के लिए सूखा नाश्ता और आवश्यक दवाइयाँ अपने हैंडबैग में रखनी चाहिए। यहाँ हैंडबैग थोड़ा बड़ा लिया जा सकता है। चमड़े की बजाए कपड़े का बैग स्वयं के अतिरिक्त वजन से परेशान नहीं करता। हो सके, तो बैकपैक लेकर जाएँ, इससे हाथ खाली रहते हैं और आप पर्यटन स्थलों का आनंद और भी ले पाते हैं। समय का विशेष ध्यान रखते हुए निर्धारित समय से पहले स्टेशन या हवाई अड्डे पर पहुँच जाना चाहिए।

संचार की दृष्टि से, अपने मोबाइल में पर्याप्त बैलेंस रखना जरूरी है। यदि विदेश यात्रा पर जा रहे हों, तो स्थानीय सिम कार्ड लेना अधिक सुविधाजनक रहता है, क्योंकि इससे इंटरनेट, लोकेशन और संपर्क साधना आसान हो जाता है। उस स्थान से संबंधित पर्यटन ऐप पहले से डाउनलोड कर लेना भी उपयोगी होता है।

घूमने-फिरने के लिए पहले से योजना बनाना बहुत लाभदायक होता है। संबंधित स्थान के कुछ वीडियो देखकर अपनी पसंद के दर्शनीय स्थलों की सूची बना लेनी चाहिए, जिससे समय की बचत होती है और अनावश्यक भटकाव नहीं होता। जहाँ गाइड उपलब्ध हो, वहाँ गाइड लेना चाहिए, क्योंकि वे ऐसी जानकारी देते हैं जो सामान्यतः कहीं और नहीं मिलती। यात्रा की यादों के लिए स्मृति-चिह्न और तस्वीरें भी संजोकर रखनी चाहिए। तस्वीरों से याद आया कि कैमरा, सेल्फ़ी स्टिक और ट्राइपोड ले जाना न भूलें।

इसके अतिरिक्त कुछ महत्वपूर्ण सुझाव भी ध्यान में रखने चाहिए। अच्छे होटल का चयन करना चाहिए, क्योंकि असुविधाजनक ठहराव पूरी यात्रा को खराब कर सकता है। होटल स्टाफ को यथासंभव टिप देना शिष्टाचार माना जाता है। दिन का पूरा उपयोग करने के लिए जल्दी उठना और समय पर सोना लाभकारी होता है। यात्रा के दौरान मार्ग इस प्रकार तय करना चाहिए कि एक ही क्षेत्र के सभी स्थान एक साथ देखे जा सकें, और भोजन की व्यवस्था भी पहले से सोच ली जाए।

यात्रा के अनुभवों को संजोने के लिए आवश्यक जानकारियाँ नोट करते रहना या वॉइस रिकॉर्ड करना उपयोगी होता है, जिससे बाद में यात्रा-वृत्तांत लिखना आसान हो जाता है। खर्चों का अनुमान लगाकर चलना चाहिए और अनावश्यक खर्च से बचना चाहिए। वीज़ा लेते समय उसकी अवधि और शर्तों का ध्यान रखना चाहिए तथा हमेशा विश्वसनीय वेबसाइट से ही आवेदन करना चाहिए। साथ ही, हवाई टिकट लेने से पहले वीज़ा प्रक्रिया पूरी कर लेना समझदारी होती है।

इस प्रकार, सही योजना, सावधानी और समझदारी के साथ की गई यात्रा न केवल सुगम होती है, बल्कि यादगार भी बन जाती है।

तो, सुरक्षा जैकेट पहन हो जाइए सवार मेरे सफ़ीने में... चलते हैं इस बार 'विषुवत से कर्क तक'...

विषुवत से कर्क तक

ईख कृषि का गिरमिटिया देश - मॉरीशस

विश्व हिंदी सचिवालय के मॉरीशस में स्थित होने के कारण यह देश वैश्विक हिंदी के लिए जाना जाता है। यहाँ एक सप्ताह भ्रमण कर मैंने इसे ईख कृषि के देश के रूप में भी जाना। मॉरीशस जाने की साध मन में बहुत समय से थी। वर्ष 2023 के फरवरी माह में महात्मा गाँधी संस्थान मोका (मॉरीशस) द्वारा 'आप्रवासी हिंदी साहित्य सृजन' सम्मान दिए जाने की घोषणा पर मन में ही पूरा कार्यक्रम तैयार कर लिया था। जैसे कहते हैं न कि दाने-दाने पर लिखा है खाने वाले का नाम, वैसे ही भूमि के कण-कण पर लिखा है आने वाले का नाम। मात्र नाम ही नहीं, दिन-दिनांक और समय भी लिखा है। अभी ही कोरोना काल से निजात मिली थी तो संस्थान का कार्यक्रम फरवरी 2023 में ऑनलाइन हुआ। मन की मन में ही रह गई। अगले वर्ष रबींद्रनाथ टैगोर विश्वविद्यालय भोपाल और विश्व हिंदी सचिवालय मॉरीशस के संयुक्त तत्वावधान में होने वाले 'विश्वरंग' 2024 अंतरराष्ट्रीय महोत्सव में सम्मिलित होने का निमंत्रण प्राप्त हुआ। इसकी सहमति देने के साथ ही इस बहुचर्चित देश में घूम आने की तैयारी शुरु हुई।

त्रिदिवसीय सम्मेलन के साथ तीन दिन और घूमने के मानकर हमने छ: दिन निवास का लेखा-जोखा तैयार किया। भारतीय नागरिकों को मॉरीशस के लिए वीसा की आवश्यकता नहीं है, यह हमने पता कर ही लिया था। यात्री हम दो ही थे- मैं और मेरे अर्धश्रेष्ठ यानी पतिश्री। हमने 'विस्तारा' एयरलाइंस की उड़ान की दो टिकटें बुक

करा लीं। दुबई से एमिरेट्स एयरलाइंस और मॉरीशस एयरलाइंस भी सीधा उड़ान भरती हैं किंतु इन दो का ही बोलबाला होने के कारण लगभग $2000 प्रति व्यक्ति किराया हमें फिजूलखर्च लगा। $1000 की राशि में अपने देश की मिट्टी को छूते हुए जाना भी एक कारण बना कि हम 2 घंटे मुम्बई हॉल्ट कर दुबई से मॉरीशस पहुँच गए।

हिंद महासागर के नक्शे पर पश्चिम की ओर एक बिंदु के समान दिखता है मॉरीशस। अफ्रीका महाद्वीप के समीप स्थित देश मेडागास्कर के निकट ही दक्षिणपूर्व में मॉरीशस का द्वीपीय देश पड़ता है। मॉरीशस गणराज्य की राजधानी पोर्ट लुई है। मॉरीशस का कुल क्षेत्रफल 2040 वर्ग किलोमीटर है जो कि दुबई की भूमि से भी आधा है। हिंद महासागर में ही स्थित अन्य देशों सेशेल्स तथा मालदीव से यह फिर भी बड़ा ही है। अल्प क्षेत्रफल के देश में भ्रमण का यह लाभ है कि लगभग पूरा देश ही घूम-घूमकर नापा जा सकता है। चारों दिशाओं के सौंदर्य का लाभ उठाया जा सकता है।

मॉरीशस गणराज्य, अफ्रीकी महाद्वीप के तट के दक्षिणपूर्व में लगभग 900 किलोमीटर की दूरी पर हिंद महासागर में और मेडागास्कर के पूर्व में स्थित एक द्वीपीय देश है। मॉरीशस में हिंदुओं की आबादी तीसरे नंबर पर है। दुनिया में मॉरीशस द्वीप के अतिरिक्त इस गणराज्य में, सेंट ब्रेंडन, रॉड्रीगज़ और अगालेगा द्वीप भी शामिल हैं। दक्षिण-पश्चिम में 200 किलोमीटर पर स्थित फ्रांसीसी रीयूनियन द्वीप और 570 किलोमीटर उत्तर पूर्व में स्थित रॉड्रीगज़ द्वीप के साथ मॉरीशस, मस्कारेने द्वीप समूह का हिस्सा है। मॉरीशस की संस्कृति, मिश्रित संस्कृति है, जिसका कारण पहले इसका फ्रांस के आधीन होना तथा बाद में ब्रिटिश स्वामित्व में आना रहा है। मॉरीशस द्वीप विलुप्त हो चुके **डोडो पक्षी** के अंतिम और एकमात्र घर के रूप में भी विख्यात है।

मॉरीशस के सर सीवूसागुर रामगुलाम अंतरराष्ट्रीय हवाईअड्डे पर हम पहुँच गए। यह यहाँ का इकलौता अंतरराष्ट्रीय हवाईअड्डा है। यह समुद्र किनारे ब्लू बे के तट

से सटा हुआ बनाया गया है। हवाईअड्डा आकार में छोटा ही है अत: उसकी औपचारिकताएँ पूरी करने में अधिक समय व्यतीत नहीं करना पड़ा। इमिग्रेशन के पूर्व एक डेस्क पर स्वास्थ्य घोषणा-पत्र 'हेल्थ डिक्लेरेशन फ़ॉर्म' (ESTA Form) जमा कराना होता है। उसे सरकार की 'सेफ़ मॉरीशस' की वेबसाइट पर भी भरा जा सकता है। हम वह पहले से ही भरकर एक कॉपी साथ लाए थे। बहुत-से अन्य सह-यात्रियों ने वहीं खड़े होकर काउंटर पर वह फ़ार्म भरा। इमिग्रेशन डेस्क पर नियुक्त अफसर ने हमसे हमारे रुकने की अवधि, होटल की बुकिंग और वापसी की टिकट आदि की पड़ताल की। ये सारे कागज़ात पहले से ही हमने तैयार कर रखे थे। राष्ट्रीय पक्षी 'डोडो' और मॉरीशस के नक्शे से अंकित मुहर पर इमिग्रेशन अफसर ने प्रवेश की आज्ञा के साथ 30 दिन की निवास अनुमति जारी कर दी। अपने पासपोर्ट पर भिन्न-भिन्न देशों की मुहर देख बहुत प्रसन्नता होती ही है जो इस नई मुहर से पुन: उत्पन्न हो गई।

अपनी अटैचियाँ बेल्ट पर से बटोरकर हम मोबाइल सिम की किओस्क की तलाश में जुट गए। बाहर निकलने के पूर्व स्वागत कक्ष में एमटेल की सिम 370 मॉरीशियन रुपए में ली जिसमें एक माह के लिए इंटरनेट का भरपूर डेटा और 120 मिनट की बातचीत की सुविधा थी। इसके बाद हमने किराए की जो गाड़ी ली थी, उसकी प्रतीक्षा की। उसके आने पर हम एयरपोर्ट से बाहर निकले। आधा घंटा कार की कागजी कार्यवाही में लगा। तब तक अपना सामान कार की पिछली सीट पर जमा ही दिया था। एयरपोर्ट छोड़ा तो हमने सीधा पहले से आरक्षित होटल की राह ली।

क्योंकि देश छोटा है तो हमने सबसे दूर वाले स्थलों से भ्रमण आरंभ किया। इसी कारण पहले दो दिन की बुकिंग 'ग्रांड बे' में रॉयल रोड पर स्थित होटल 'ओशन विला' में कराई थी। यह हवाईअड्डे से 72 कि.मी. दूर मॉरीशस के उत्तरी कोने में था। इसमें हमें करीब डेढ़ घंटे का समय लगा। रास्ते में बहुत-से मनोरम दृश्य भी दिखे। कभी सपाट सड़क तो कभी दोनों ओर उथली पहाड़ियों से घिरी हुई तो कभी गन्ने के विशाल खेतों के बीच से गुज़रती हुई हमारी यात्रा रही।

होटल बहुत खूबसूरत था और समुद्र तट पर बना हुआ था। बहुत कलात्मक रूप से सजा हुआ भी था। इसमें दुमंजिले विला बने हुए थे। हर विला के बाहर प्राइवेट गार्डन था और केंद्र में बड़ा-सा बगीचा तो था ही। तट पर ही घास के कालीन से ढका प्राइवेट मैदान था। उसके पास ही बड़ा-सा तरण-ताल व उसके साथ खुला जलपान-गृह था। समुद्र तट पर होटल के झूले, बेंत की बेंच आदि की सजावट भी थी। कुल मिलाकर समुद्र किनारे बगीचे में टहलते हुए रहने का मधुरिम अहसास होता था।

होटल के कर्मचारी अवश्य कुछ अड़ियल किस्म के थे। हमने अपने पहुँचने का समय पहले ही बताकर चेक-इन समय पूर्व सूचित कर दिया था किंतु विला की उपलब्धता होते हुए भी चेक-इन का काम नहीं करवाया गया। जब हमने होटल कैंसिल कर दूसरा ढूँढने की ठानी तब उन्होंने एक बजे हमें कमरा एलॉट किया। इसमें हमारा बहुत समय व्यर्थ हुआ। जब हम अपने कमरे में पहुँचे तो उसकी सजावट देख सारा मलाल जाता रहा। तौलिए से बने हुए दो मनोहारी हंस पलंग पर बैठे हुए थे। बोगनबेलिया के ताज़े फूलों से सजावट की गई थी।

सामान व्यवस्थित कर, स्नानादि के पश्चात हम सबसे पहले 'ग्रांड बे बाज़ार' देखने गए। यह होटल से केवल तीन किलोमीटर ही दूर था। यह यहाँ का प्रसिद्ध बाज़ार है। यह टिन की छत वाला झोंपड़ीनुमा छोटी-छोटी दुकानों को स्थान दिए हुए सुंदर बाज़ार है। मुख्य प्रवेश द्वार चीनी ड्रैगन से सजा है। अंदर आते ही हँसोड़ बुद्धा की मूर्तियाँ दोनों ओर खड़ी हुई स्वागत करती हैं। चीनी रीति की सजावट वाला सम्पूर्ण वातावरण बहुत जीवंत था। पर्यटकों के आकर्षण की सारी वस्तुएँ यहाँ उपलब्ध थीं। करघे से बना सामान, हस्तशिल्प की वस्तुएँ, स्थानीय कलाकृतियाँ, कपड़े, आभूषण, बैग, घड़ियाँ, छाते, भाँति-भाँति के स्मृति चिह्न व भित्तीचित्र आदि-आदि। हमने लगभग अंत तक बाज़ार का निरीक्षण किया।

जो मित्र पहले ही मॉरीशस होकर आए हुए थे उन्होंने यहाँ मिलने वाले बेबी अनानास के बारे में बताया था। ग्रांड बे बाज़ार के बाहर कई ऐसी दुकानें मिलीं। एक

दुकान पर हमने डिज़ाइन में कटे हुए मसालेदार बेबी अनानास खाए। उसके बाद केसरी रंग के नारियल को कटवाकर उसका पानी पीया। दुकानदार ने बड़े स्नेह और आग्रह से हमें नारियल की मलाई भी एक दोने में रखकर परोसी। बहुत सात्विक अहसास व आनंद आया।

इसके बाद हम **'ट्राउ-ऑक्स बीच'** देखने गए, जिसका फ्रेंच भाषा में उच्चारण ट्रू-ऑ बिचेस की तरह होता है। यह सागर तट 19वीं शताब्दी में फ्रांसीसियों द्वारा विकसित किया गया था। फ्रेंच भाषा में इसका अर्थ होता है- 'हिरण छिद्र'। 18वीं शताब्दी में मछली पकड़ने और शिकार करने के लिए यह स्थान प्रयुक्त होता था कदाचित इस कारण ही बीच का यह नामकरण हुआ होगा। अब यह एक विकसित और आकर्षक शहर में तब्दील हो चुका है।

यहाँ कार खड़ी करने का स्थान व मार्ग बड़ी मुश्किल से नसीब हुआ। एक बार कार से उतरकर तट की ओर पहुँचे तो एक भव्य मनोरम दृश्य ने हमारा स्वागत किया। मॉरीशस का सबसे सुंदर बीच इसे कहा जाता है। इस तट पर सफेद मुग्धकारी रेत चाँदी-सी चमकती है। तट पर कँटीले ओक वृक्षों की भरमार है। लाल पत्तों से जड़े हुए देशीय बादाम के पेड़ों ने तो इस स्थान की रंगत ही निखार दी थी।

समुद्र तट पर सब प्रकार की जल क्रीड़ाओं के उपकरण किराए पर उपलब्ध थे। नन्ही-मुन्नी और बड़ी-बड़ी कई नावें समुद्र की छाती पर लोट रही थीं। पैडल बोट, वाटर स्कूटर, राफ़्टिंग आदि की व्यवस्था भी थी। अगर विश्राम करना हो या सूर्यस्नान, वह भी किया जा सकता है। सूर्यास्त का दृश्य भी यहाँ बहुत यादगार उपस्थित होता है।

इसके किनारे बहुत से रिजॉर्ट, होटल, स्पा, शॉपिंग व रेस्टोरेंट आदि का जमावड़ा है। इससे कुछ दूरी पर ही महेश्वर नाथ मंदिर भी है। यह मंदिर 1888 में बनाया गया था। हमने मंदिर के दर्शन की बजाय पोर्ट लुई बाज़ार व चाइना टाउन जाने का विचार किया। यह इस स्थान से 24 किलोमीटर दक्षिण-पश्चिम दिशा में था। यह निर्णय कुछ ठीक नहीं प्रतीत हुआ। इस समय तक सड़क पर ट्रैफ़िक की मारामारी शुरु हो गई थी। हम नहीं जानते थे कि यहाँ दफ़्तर व बाज़ार शाम साढ़े चार बजे बंद हो जाते हैं। ट्रैफ़िक की जद्दोजहद से दो-चार होकर जब तक चाइना टाउन पहुँचे, वह बंद हो चुका था। फिर हमने पास में ही पोर्ट लुई वाटरफ्रंट का रुख किया।

सड़क के उस पार से ही ये तीन मूर्तियों वाला पार्क दिखाई देने लगा। यह स्थान 'ले कॉडन वाटरफ्रंट' कहलाता है। इस पर सर अनिरूद जुगनाथ (मॉरीशस के पूर्व

प्रधानमंत्री), सर सीवूसागुर रामगुलाम (अधिष्ठाता राष्ट्रपिता) तथा प्रोफेसर बस्देओ बिसूनदोयल (स्वतंत्रता-पूर्व राजनीति के सामाजिक कार्यकर्ता) की प्रतिमाएँ स्थापित हैं। फिलहाल इनके पास तक जाना संभव न था। कुछ निर्माण कार्य के चलते इन्हें चारों ओर से बाड़ से घेर दिया गया था। इनके पास से निकलते हुए हम 'पोर्ट लुई' पर पहुँचे।

यह स्थान समुद्र किनारे विकसित अभिजात्य सौंदर्य से भरपूर है। लगभग सभी बड़े पाँच सितारा होटल यहाँ पर हैं। हस्तकला के कारीगरों के आलीशान शोरूम तथा अन्य कई नामी-गिरामी दुकानें यहाँ हैं। इसके ठीक पहले ही पोस्ट ऑफिस है जिस पर मॉरीशस का ऊँचा झंडा लहरा रहा था। एक पुरातन रीति के निर्मित भवन के बाहर पवन चक्की भी लगी हुई थी।

इस पूरी नई डेवलपमेंट में कई बाज़ारघर हैं तो भूमिगत स्टेशन भी हैं। खाने-पीने के लिए तो यह स्थान स्वर्ग के समान है। आलीशान इमारतों के सामने फैला हिंद महासागर और उसमें डूबते सूरज का नारंगी प्रकाश इस स्थान को एक सौम्यता में नहला गया। मौसम सुहावना होने से रेस्तराँ के बाहर खुले में बैठकर भोजन या जलपान करने वाले बड़ी संख्या में थे। एक-दो भारतीय भोजनालय भी वहाँ थे। हमने एक दक्षिण भारतीय रेस्तराँ में खाना खाया।

पोर्ट लुई (Louis) का निर्माण 1736 में हुआ था। उस समय यह एशिया और यूरोप के बीच के रास्ते में ठहरने के काम में आता था। स्वेज नहर के निर्माण से पहले तक यह अंग्रेज़ों द्वारा प्रयोग में लाया जाता रहा। उसके बाद पुन: यह स्थान हरकत में आया जब स्वेज नहर 1967 में आठ सालों तक बंद रही। इस बंदरगाह का पुनरुत्थान तथा नवीनीकरण 1970 में किया गया। अब यह मॉरीशस गणराज्य के आयात-निर्यात व व्यापार का प्रमुख केंद्र बन गया है। यह मुक्त बंदरगाह के रूप में भी विकसित हुआ है।

इसी स्थान पर वैश्विक धरोहर 'आप्रवासी घाट' और 'स्लेवरी म्यूज़ियम' भी हैं। ये भी शाम को जल्दी ही बंद कर दिए जाते हैं। इसे हम बाद में देखेंगे, ऐसा मन में तय कर लिया था। खाना खाकर चहलकदमी करते हुए हम दूर तक निकल गए। कई स्थान नाव के पालों से सजाए गए थे और कई छतरियों से सुशोभित किए गए थे। रास्ते में कई कसीनो आदि भी पड़े। एक ने हमारा ध्यान विशेष आकर्षित किया। यह नाव के आकार का बना हुआ था। जिसे रथ के समान हाँकने के लिए एक शेर की मूर्ति बनी हुई थी। इसका सिर शेर का तथा पैर घोड़े के थे। 'ले कसीनो' नामक यह स्थान बहुत रम्य था। अँधेरा हो ही चुका था। अत: हम वापस होटल लौट आए। तब तक सड़क पर यातायात कुछ हल्का हुआ था।

होटल पहुँचकर हमने पाया कि नाश्ते-पानी के स्थान पर जोर-शोर से संगीत बज रहा है और नृत्यादि का कार्यक्रम हो रहा है। अच्छी-खासी भीड़ जुटी हुई थी। हमने भी अफ्रीकी सभ्यता वाले नृत्य-संगीत का आनंद लिया। हम पार्क में कुछ देर टहल, विश्राम करने चले गए। रात देर तक संगीत की आवाज़ें आती रहीं।

अगले दिन सुबह-सुबह ही हम नाश्ते से पहले रोमन कैथलिक चर्च 'नोट्रे डेम ऑक्सीलिट्रीस चेपल' देखने गए। यहाँ पहुँचने में होटल से 18 मिनट लगे। यह करीब 8 किलोमीटर दूरी पर था। यह मॉरीशस के उत्तरी शीर्ष पर बना बहुत प्रसिद्ध गिरजाघर है। यह हिंद महासागर में बने कच्छ तट के किनारे स्थित उसकी शोभा को बहुगुणित करता है। पहले बहुत-से जहाज़ यहाँ आकर भटक जाते थे अत: यह चर्च

पूर्वकाल में हुई जहाजी दुर्घटनाओं की याद में बनाया गया है। इसके नाम का उद्गम शब्द 'केप मल्हिरोक्स' से हुआ है जिसका अर्थ होता है- दुर्भाग्य की शरारत। यह ग्रांड बे के बहुत समीप ही केप मल्हिरोक्स नामक स्थान पर बना हुआ है। यहाँ मछली पकड़ने का व्यवसाय भी फल-फूल रहा है।

चटक लाल रंग की छत से यह बहुत अलग लगता है। यह स्थान बहुत शानदार तस्वीरें देता है क्योंकि लाल छत के पार्श्व में फिरोजी समुद्र और हल्का नीला आसमान बहुत चारुल दृश्य उपस्थित करते हैं। जिनकी इच्छा-सूची में यह शामिल न भी हो, वे भी अगर इसके पास से निकलें तो रुककर इसकी तस्वीर लिए बिना वहाँ से न जा सकेंगे।

सेंट मेरी को समर्पित इस चर्च का निर्माण 1938 में हुआ था। रविवार के दिन तो इसमें खासी भीड़ इसके अनुयायियों व दर्शनार्थियों की जुटती है। इसकी प्रसिद्धि का कारण इसके चारों तरफ का सुंदर तट भी है जिस पर नव विवाहित जोड़े या विवाहाकांक्षी जोड़े वेडिंग या प्री-वेडिंग शूट करवाते मिल जाते हैं।

यहाँ आकर बहुत ताज़गी और खुशनुमा महसूस हुआ। बहुत-से बुज़ुर्ग वहाँ प्रातः सूर्य-किरणों से शरीर में ऊर्जा का संचार करते हुए या विश्राम करते हुए भी मिले। सफाई कर्मचारी अपना कार्य करने में मगन दिखाई दिए। दूर समुद्र में कुछ पठारी

टापू भी दिख रहे थे। गूगल पर ढूँढने पर पता चला कि वे 'गनर्स क्यूऑन' टापू समूह हैं। इसमें लगभग तीन छोटे और एक बड़ा टापू है जो कि तट से 5-6 किलोमीटर दूर हैं।

समुद्र की शांत लहरें सूर्यागमन का जलाभिषेक कर बार-बार उसके चरण पखार रही थीं। लहरों पर खुली घूमती कुछ प्रियल नावें अठखेलियाँ करती बाल-क्रीड़ाएँ कर रही थीं। समुद्र तट पर बहुत-से काले रंग के प्राकृतिक पत्थर वातावरण की सौम्यता को बढ़ा रहे थे। एक औंधी पड़ी नाव इस तट के नाम को सार्थक करती प्रतीत होती थी। विशाल बादाम के वृक्ष पर झूला लटक रहा था। हम बहुत देर बारी-बारी उस पर झूलते रहे और बेलौस अंदाज में क्षण व्यतीत करते रहे।

होटल में जलपान के पश्चात हमने निजी सागर-तट का भी मुआयना किया। यह भी कम आकर्षक न था और बहुत आवाजाही वाली जगह में था। चीनी टोपी के आकार की बेंत और सूखी घास-पत्तियों से बनी छतरियों और उसके नीचे बनाई गई बैठने की व्यवस्था जितना मन को लुभाती थी उतना ही वह दृश्य आँखों को आकर्षित करता था।

इस सुरम्य तट का भरपूर आनंद उठाने के बाद हम यहाँ से सामान बाँधकर होटल हेनेसी पार्क के लिए रवाना हुए। यहाँ पर टैगोरे विश्वविद्यालय भोपाल की ओर से

प्रवासी साहित्यकारों के लिए ठहरने की व्यवस्था की गई थी। यह तत्कालीन होटल से 40 कि.मी. दूर था और सीधा-सीधा 45 मिनट का रास्ता था। यह होटल मॉरीशस के हृदय-स्थल में स्थित था। इसमें चेक-इन कर हम 'शामरेल' के लिए निकल ही रहे थे कि हमारी दृष्टि रबींद्रनाथ टैगोर विश्वविद्यालय भोपाल के कुलाधिपति श्री संतोष चौबे जी पर पड़ी। उनकी पूर्व नियोजित फ़्लाइट कुछ देरी से पहुँची थी। इतने में भी वे हमसे बहुत आत्मीयता से मिले। आभासी रूप से कई भेंटे होने के बाद प्रत्यक्ष रूप में मिलने का यह पहला ही अवसर हुआ था। थोड़े औपचारिक परिचय के बाद हम अपने नियत गंतव्य को चल पड़े। यहाँ दो मुख्य दर्शनीय स्थल हैं- शामरेल वाटरफॉल तथा शामरेल कलर्ड अर्थ।

सत्रहवीं शती में शामरेल का यह स्थान इसी नाम के एक फ्रांसीसी व्यक्ति की मिल्कियत में था। उसे ही यहाँ के झरने और सतरंगी धरती का मालूम चला था। उसने यहाँ रहते हुए आस-पास के जंगलों की कटाई करवा; गन्ना, कपास, कॉफी और नीम की खेती करवानी शुरु की थी।

सवा घंटा और 44 किलोमीटर दक्षिण दिशा में कार यात्रा कर हम शामरेल लैंड के मुख्य द्वार पर पहुँच चुके थे। अंदर कार खड़ी करने का खुला मैदान था। 550 मॉरीशियन रुपए (₹1000) प्रति व्यक्ति टिकट ली गई जिसमें झरना और सतरंगी धरती दोनों शामिल थे। पहले झरना ही देखा जाना था।

पार्किंग स्थल से झरने के लिए अधिक दूरी नहीं थी। बहुत अधिक चलना नहीं पड़ा। एक छज्जे जैसी जगह से झरना दिख जाता है। इस स्थान से झरना दूर ही नज़र आता है और उसके साथ तस्वीरें कम ही बन पाती हैं। वहीं झरने और सतरंगी टीलों से जुड़ी जानकारी के कुछ बोर्ड प्रदर्शित थे। उसी के पास हमें ऊपर जाती हुई सीढ़ियाँ दिखाई दीं। बहुत से युवक उन पर जा रहे थे। उत्सुकतावश हम भी उन पर हो लिए। इस ट्रेल पर दोनों ओर घने पेड़ होने से जंगल से गुज़रने जैसा अहसास होता था। सीढ़ियाँ पार कर हम एक और छज्जे पर पहुँच गए जहाँ से झरने का निर्बाध दृश्य प्रकट होता था। इस चबूतरे के एक ओर झरना तो दूसरी ओर के पठार पर वृक्षमूल

का सौंदर्य भी अलग ही शोभा लिए हुए था। वृक्षों की जड़ें ज़मीन से बाहर निकल एक जाल बनाती हुई धरती पर फैली थीं। सच है मनुष्य का हस्तक्षेप न हो तो प्रकृति अपने सर्वोत्तम रूप में विद्यमान होती है।

बसाल्ट की आग्नेय चट्टानों से शामरेल का झरना 100 मीटर ऊँचाई से नीचे अंडाकार ताल में झरता है। यह मॉरीशस का सबसे ऊँचा झरना है। सेंट डेविस नदी का पानी ऊँचाई से नीचे गिरता है और नीचे बहती डू-केप नदी में मिल जाता है। यह पानी 40 हज़ार वर्ग मीटर प्रति मिनट की रफ्तार से झरता है। यह झरता पानी वातावरण और साँसों में ताज़गी भर देता है।

इस स्थान पर एक और ट्रेल पर्यटक को झरने के नीचे तलैया तक ले जाती है। यह तीन किलोमीटर लम्बी ट्रेल है। झरने की गुप्त घाटी में होते हुए ताल में तैरने का प्रयास भी किया जा सकता है। यहाँ ऊष्णकटिबंधीय वृष्टिवन जैसा अनुभव होता है। सारी ट्रेल पूरी तरह से सुरक्षा पैमानों पर खरी उतरती हैं।

इस झरने से आगे बढ़ते हुए जिओपार्क तीन किलोमीटर के क्षेत्र में फैला हुआ है। यह पूरा देश ही अरबों-खरबों वर्ष पहले ज्वालामुखी के फटने पर जमा हुए लावे के

रूप में बना था जिसका लावा समुद्र की तलहटी से फटकर बाहर निकला था। जलते हुए आग के गोले के समान रही यह भूमि अफ्रीकन प्लेट के उत्तरी-पूर्व दिशा में खिसकने से बनी है। यहाँ की चट्टानों और मिट्टी में जो लवण पाए जाते हैं उनकी वैज्ञानिक जाँच द्वारा इसे 66 करोड़ से लेकर 303 करोड़ वर्षों पहले तक का बताया गया है। इस कारण इस आदिकाल के द्वीप को 'लेमूरिया' या 'मॉरीशिया' कहा जाता है जिसका अर्थ होता है- छिपा हुआ द्वीप।

चित्ताकर्षक बहुरंगी यह भूमि बहते लावा के धीरे-धीरे ठंडे होने के कारण बनी है। दुनिया भर से पर्यटक केवल यह अजूबा देखने ही मॉरीशस आते हैं। यह यहाँ के सबसे अधिक भ्रमणीय स्थलों में से एक है। यह प्रागैतिहासिक दृष्टि से भी बहुत महत्त्वपूर्ण है।

सात रंगों से रंगी यह धरा किसी अलौकिक चितेरे की चित्रकारी ही लगती है। आह्लादकारी यह दृश्य इस स्थान और देश के निर्माण की जानकारी प्रस्तुत करता है। कई तरह के खनिज-लवण से भरपूर मिट्टी के कण चमत्कृत कर देने वाली भौगोलिक पराकाष्ठा को प्राप्त करते हैं। इसे देखने का श्रेष्ठ समय सुबह या शाम का होता है जब ढलते सूर्य की किरणें इस पर तिरछी पड़ती हैं। सीधी किरणों के तेज के कारण कभी-कभी भिन्न वर्ण स्पष्ट दृष्टिगोचर नहीं होते।

सात रंग के फैले टिब्बों के चारों ओर बाड़ बनाकर रोकथाम की गई है। इसके अंदर पैर रखने की मनाही है। इसके चारों ओर चलते हुए देखने की सुविधा हेतु ट्रेल बनी हुई है और 2-3 जगह रुककर देखने की व्यवस्था है। यहाँ न केवल इसे भौगोलिक आश्चर्य को संरक्षित किया गया है, वरन् वनस्पति की कई प्रजातियों को भी संरक्षित किया गया है।

शामरेल में लिखी जानकारी को पढ़कर हमने जाना कि चट्टानों का टूटना, बिखरना व पिघलकर बहना एक भौतिक-रासायनिक-जैविक प्रक्रिया है। बसाल्ट चट्टानों के पिघलने से बासी तरल पदार्थ (सेप्रोलाइट) का निर्माण हुआ जो चिकनी मिट्टी के टीलों में तब्दील हुआ। इसमें उपस्थित ऑक्साइड, हाइड्रोक्साइड, लौहकण, अल्यूमीनियम आदि के कारण ये रंग प्रस्तुत हुए। लौह-ऑक्साइड से पीले, नारंगी, लाल व भूरे रंग के टिब्बे बने, अल्यूमीनियम से गुलाबी, नीले व बैंगनी टिब्बे बने। इन लवणों के लावा के फूटकर अलग-अलग बहने और ठंडा होकर अलग-अलग ही जमने में इनके घनत्व, तापमान, तरलता, लचीलापन, आयतन, गति तथा बाह्य कारकों का भी योगदान रहा।

इस संरक्षित पार्क के चारों ओर घना वन है। उसके पेड़ों के तनों पर भी अलग-अलग रंग के चकत्ते दिखाई दिए जो कि रंगीली मिट्टी में उगे होने और लवणयुक्त पानी से सिंचे जाने के परिणामस्वरूप बने हैं।

शामरेल तक पहुँचने का रास्ता पहाड़ियों से होकर निकलता है। वहाँ से वापस आने में कई व्यूप्वाइंट पर रोककर हमने हिंद महासागर की मुग्धकारी तस्वीरें निकालीं। रास्ते भर गन्ने के खेत हमारा साथ देते रहे।

होटल पहुँचकर हम शीघ्रातिशीघ्र तैयार हुए और विश्वरंग की ओर से आयोजित 'मीट एवं ग्रीट' रात्रिभोज के लिए पोर्ट लुई में स्थित होटल 'ली मेरीडियन' विश्वविद्यालय की वैन द्वारा पहुँचे। वहीं हमारी भेंट पहली बार विश्व हिंदी सचिवालय की महासचिव डॉ. माधुरी रामधारी से हुई। उनका 'बहन जी!' कहकर संबोधित करना बहुत भाया। सभी प्रवासी साहित्यकारों तथा आयोजकों से मिलना-

मिलाना बहुत अच्छा रहा। इस कार्यक्रम में सातों महाद्वीप के 50 देशों से 200 से अधिक रचनाकार सम्मिलित हुए थे। इस दिन सभी नहीं तो बहुत सारे पधारे हुए थे।

अगले दिन 7 अगस्त थी और सुबह से ही 'विश्वरंग' महोत्सव का शुभारंभ होना था। रंग-बिरंगी झाँकी व सांस्कृतिक प्रदर्शन से हुए श्रीगणेश के बाद वार्ताएँ व गोष्ठियों के सत्र पूरा दिवस रहे हालाँकि पूर्वनिर्धारित कुछ कार्यक्रमों के क्रम को आगे-पीछे करना पड़ा क्योंकि भारत से आने वाले कुछ हवाईजहाज अपने मूल स्थान से उड़ान न भर पाए थे और प्रतिभागी व सहयोगी वहाँ अटक गए थे। डॉ. जवाहर कर्णावट ने यह सभी आयोजन अपने कंधे पर उठा रखा था अत: वे उसे सुविधा से पुनर्नियोजित कर सके थे।

विश्व हिंदी सचिवालय मॉरीशस के प्रांगण में स्वयं को देखना एक सुखद अनुभूति थी। इसके विशाल सभागार में उद्घाटन तथा मुख्य-मुख्य सत्र रखे गए थे। उद्घाटन में मुख्य अतिथि के रूप में मॉरीशस गणराज्य की उपप्रधानमंत्री माननीया लीलादेवी दुकन को सुनने का लाभ मिला। भारतीय दूतावास की महामहिम उच्चायुक्त श्रीमती

नंदिनी के सिंगला जी को भी सुनने को मिला। इसके अतिरिक्त बोर्ड रूम, मीटिंग रूम आदि में भी अन्य वैचारिक और सांस्कृतिक सत्र साथ-साथ चल रहे थे। पहले दिन अंतरराष्ट्रीय कविता पाठ में सहभागिता करने का आवसर मिला। सचिवालय के उपमहासचिव प्रो. शुभंकर मिश्र जी से भी भेंट हुई। शाम के समय वापस आकर होटल के पास ही में भारतीय उच्चायोग का बाहर से दौरा किया और 'इंडियन समर रेस्टोरेंट' में भारतीय भोजन का आस्वादन किया। मॉरीशस में इतने भारतीयों के बसे होने के बाद भी भारतीय व्यंजनों के स्वाद में कुछ बदलाव-सा महसूस होता था।

अगले दिन कार्यक्रम में फेर-बदल के मुताबिक दो बार मेरी मंच पर उपस्थिति थी। 'विश्व के देशों में हिंदी की स्थिति और संभावनाएँ' इसमें यू.ए.ई. के बारे में मैंने बताया। एक कार्यक्रम के बाद मुझे एक अलग कक्ष में साक्षात्कार के लिए बुलाया गया जिससे दूसरे सत्र में उपस्थिति में थोड़ी देरी हुई। सभी सत्र बहुत शानदार व ज्ञानवर्धक थे। वक्ताओं के पास कहने के लिए बहुत कुछ था जो समय की कमी के चलते अव्यक्त भी छूटा जा रहा था। परंतु कहते हैं कुछ छूटा ही पुन: मिलने की आस को जगाए रखता है तो यही हमने माना भी। इस दिन की बड़ी उपलब्धि रही श्री लीलाधर मंडलोई जी से मुलाकात। उनके द्वारा लिखी हुई एक ऐतिहासिक कथा सी.बी.एस.ई. के पाठ्यक्रम में शामिल है जिसे बहुत वर्षों तक विद्यार्थियों को पढ़ाया था तो ऐसे लेखक से मिलना सौभाग्य का विषय हुआ।

उस दिन के सत्रों में प्रतिभागिता पूरी कर हम दोपहर के समय 'ग्रांड बेसिन और मंदिर' के दर्शन के लिए कुछ समय निकाल सके। 'सवाना' के क्षेत्र में ग्रांड बेसिन एक प्रकार से प्राकृतिक तलैया है जो वास्तव में प्राचीन आग्नेयगिरि अपक्षय है जिसे अंग्रेज़ी में वोलेनिक क्रेटर कहते हैं। इस क्रेटर यानि गुहा का निर्माण अरबों वर्ष पूर्व की ज्वालामुखी गतिविधि का परिणाम है। यह समुद्र से 550 मीटर ऊँचाई पर स्थित तालाब है जिसके चारों ओर हिंदू पौराणिक आस्था की विशाल छाप और आध्यात्मिक स्मारक हैं। यह स्थान घनी हरित वनस्थली से घिरा हुआ है।

ग्रांड बेसिन को 'गंगा तालाब' के नाम से भी जाना जाता है। यहाँ बसे हिंदुओं के लिए यह अत्यधिक धार्मिक महत्ता का स्थान है। ऐसा माना जाता है कि ट्रिओलेट नाम के गाँव में पंडित झुम्मन गिरि गोसाने रहने थे जो कि मूलत: नेपाल से थे। उन्होंने स्वप्न में एक पवित्र तालाब देखा जिसमें निर्मल गंगा नदी का जल प्रकट हो रहा है। यह वर्ष 1897 की घटना है जब सड़कें और यातायात आज के समान उन्नत नहीं थे। पंडित जी ऐसी दिव्य झील की तलाश में निकल पड़े। वे खोजते हुए ग्रांड बेसिन पहुँचे और उन्होंने इसे ऐसा ही पाया जैसा कि उनके स्वप्न में दर्शन हुए थे।

एक अन्य मान्यता यह भी है यहाँ बसे गिरमिटिया की पहली पीढ़ी के भारतीय हिंदू पुजारियों ने वर्ष 1972 में अपने साथ लाए गंगाजल से यहाँ शिवरात्रि पर जलाभिषेक किया जिससे यह तालाब यहाँ बना। इसी कारण इसका नामकरण 'गंगा तालाब' के रूप में भी हुआ। इस तालाब की गहराई 18-20 मीटर है।

इस पुण्य झील के चारों ओर कई भव्य मंदिर व विराट देव-प्रतिमाएँ हैं। विशालकाय मूर्ति के साथ भगवान शिव जी और माँ दुर्गा के मंदिर हैं। इसके अतिरिक्त ग्रांड बेसिन नामक विशाल मंदिर है जहाँ से पूरा तालाब और समस्त धार्मिक स्थली के दर्शन संभव हैं। साथ ही हनुमान मंदिर, आदिशेष मंदिर, माँ सरस्वती मंदिर और स्पिरिचुअल पार्क भी हैं। स्पिरिचुअल पार्क में गौशाला भी है जहाँ गाएँ पाली जाती

हैं। यहाँ का शांत एवं पावन वातावरण ईश्वर में अगाध श्रद्धा को बलवान करता है। इसे देखने के लिए आस्तिक आस्था के साथ सांस्कृतिक-ऐतिहासिक जिज्ञासा की भी आवश्यकता है।

यहाँ आते हुए दूर से ही दिखाई देती भगवान शिव व माँ दुर्गा की प्रतिमाएँ ग्रांड बेसिन पहुँचने का आभास करा देती हैं। इस वृहद परिक्षेत्र में कार खड़ी करने की समुचित व्यवस्था है। इसमें प्रवेश पूर्णतया निशुल्क है हालाँकि दान पात्र में कुछ डालना अपनी श्रद्धानुसार किया जा सकता है। मंदिर प्रांगण और परिसर में पादुकाएँ निकालकर भ्रमण करना ही उपयुक्त है।

सर्वप्रथम हमने शिव मंदिर का दौरा किया। त्रिशूलधारी भोले शंकर जी की मुख्य प्रतिमा 108 फुट ऊँची है। गुजरात के वडोदरा में बनी हुई शिव प्रतिमा का यह हू-ब-हू प्रतिरूप है। इसका निर्माण वर्ष 2007 में हुआ है और प्राण-प्रतिष्ठान 2008 के शिवरात्रि के दिवस हुआ है। प्रभु चरणों में ही छोटा मंदिर बना है। मंदिर के बाहर ही नंदी की बड़ी मूर्ति तथा शिव परिवार मूर्ति रूप में उपस्थित है। राष्ट्रीय सनातन धर्म मंदिर संस्थान द्वारा इसके प्रांगण में फरवरी 2023 में ही 108 शिवलिंग की स्थापना की गई है जिसके दर्शन कर तंजावुर और डूँडलोद के शिवलिंग का ध्यान हो आता है। 108 शिवलिंग की आराधना व जलाभिषेक को पापनाशक माना जाता है। शिवरात्रि पर हाथ से बने काँवड़ चढ़ाने वाले भक्तों की भीड़ नंगे पैर यात्रा कर यहाँ पहुँचती है। देश भर में इस उत्सव पर अवकाश रहता है।

सड़क के दूसरी ओर इतनी ही ऊँचाई की शेराँवाली माता की मूर्ति है। ध्यातव्य है कि अब तक विश्व में शक्तिस्वरूपा माँ दुर्गा की प्रतिमाओं में यह सबसे बड़ी प्रतिमा है जिसका निर्माण 2011 में हुआ था। योद्धावृत्ति और साहस का प्रतीक माँ दुर्गा की मूर्ति सम्पूर्णत: दानराशि से निर्मित की गई हैं। इसके निर्माण में 2000 वर्ग मीटर कंक्रीट और 400 टन लोहे का प्रयोग हुआ है। दुर्गा पूजा और नवरात्रि के उत्सव का यह प्रमुख स्थान बन गया है।

सड़क के दूसरी ओर इतनी ही ऊँचाई की शेराँवाली माता की मूर्ति है। ध्यातव्य है कि अब तक विश्व में शक्तिस्वरूपा माँ दुर्गा की प्रतिमाओं में यह सबसे बड़ी प्रतिमा है जिसका निर्माण 2011 में हुआ था। योद्धावृत्ति और साहस का प्रतीक माँ दुर्गा की मूर्ति सम्पूर्णत: दानराशि से निर्मित की गई हैं। इसके निर्माण में 2000 वर्ग मीटर कंक्रीट और 400 टन लोहे का प्रयोग हुआ है। दुर्गा पूजा और नवरात्रि के उत्सव का यह प्रमुख स्थान बन गया है।

इन दोनों मंदिरों के दर्शन कर हम कार से ही आगे बेसिन की पार्किंग तक गए। वहाँ नीचे उतर गंगा तालाब के पवित्र जल के छींटों से स्वयं को शुद्ध करते हुए मुख्य मंदिर में दर्शन किए। तालाब में बहुत-से श्रद्धालुओं को धार्मिक अनुष्ठान करते हुए देखना बहुत अच्छा लगा। तालाब से मंदिर तक पहुँचने के लिए सीढ़ियाँ बनी हुई हैं। जैसे-जैसे सीढ़ी चढ़ते जाते हैं, गंगा तालाब का और अधिक मनोहर दृश्य बनाता

जाता है। मंदिर के प्रांगण में नवग्रह प्रतिमाएँ भी हैं जहाँ नवग्रह की पूजा-अर्चना की जा सकती है। कुछ देर मंदिर की सीढ़ियों पर शांति से विश्राम कर वापस आ गए।

शाम का कार्यक्रम रबींद्रनाथ टैगोर इंस्टीट्यूट में था। यहाँ गुरुदेव की विशाल प्रतिमा का अनावरण मॉरीशस के राष्ट्रपति महामहिम श्री पृथ्वीराज सिंह रूपन जी द्वारा किया गया।

यह मूर्ति रबींद्रनाथ टैगोर वि.वि. भोपाल द्वारा रबींद्रनाथ टैगोर संस्थान मॉरीशस को भेंट स्वरूप प्रदान की गई थी। इस दिन ही मेरी मुलाकात 'हिंदी प्रचारिणी सभा' की अध्यक्षा श्रीमती रोहिणी रामरूप जी से भी हुई। बहुत जल्द ही एक आत्मीय संबंध बन गया। बहुत-से सांस्कृतिक कार्यक्रम मंच को गुंजायमान करते रहे। आनंदातिरेक के क्षणों की अनुभूति हुई। टैगोर संस्थान में ही रात्रि भोज का प्रबंध था। उसका पूरा-पूरा लाभ उठाकर होटल आ गए।

तीसरे दिन के प्रथम भाग के सत्रों का कार्यक्रम सचिवालय में हुआ तो समापन समारोह महात्मा गाँधी इंस्टीट्यूट मोका में हुआ। सचिवालय के सत्र में 'विश्व रंग के माध्यम से हिंदी की उपलब्धियाँ' विषय पर आदरणीय श्री संतोष चौबे जी से विस्तृत बातचीत हुई। कार्यक्रम में प्रतिभागिता के अतिरिक्त महासचिव डॉ. माधुरी रामधारी जी को अपनी 23 पुस्तकों का एक सेट भेंट करने का सुअवसर भी हुआ। वे पुस्तकें अब सचिवालय के पुस्तकालय में सुशोभित हैं। सचिवालय की ओर से हम सभी प्रवासी साहित्यकारों को भेंट में बहुत-से उपहार दिए गए। उनमें से 'डोडो' के कोमल खिलौने ने मन मोह लिया। इस दिन कवि श्री अरुण कमल जी से भी भेंट

हुई। वे भी उसी उड़ान से आए थे जिसमें कुछ बाधा थी अत: कार्यक्रम में विलम्ब से शामिल हो सके। उनसे मिल प्रसन्न होने का भी यही विशेष कारण था कि उनकी रचना कविताएँ 'खुशबू रचते हैं हाथ' तथा 'नए इलाके में' कक्षा दस के विद्यार्थियों को दीर्घकाल तक पढ़ाई हुई है।

आज दिन के दूसरे भाग में दोपहर भोज के बाद समापन सत्र महात्मा गाँधी संस्थान मोका में आयोजित किया गया था। जिस संस्थान द्वारा मेरे उपन्यास 'कारागार' को 'सर्वश्रेष्ठ आप्रवासी हिंदी साहित्य सृजन' से नवाजा गया, आज वहाँ की धरती पर भी कदम रखा था। आज उसे देखने का यह बहुत सुनहरा अवसर था। संस्थान में आने वालों का ताँता लगा हुआ था। पार्किंग को बड़ी दूर और मुश्किल से स्थान मिला। समरोह के मुख्य अतिथि माननीय प्रधानमंत्री श्री प्रवीण कुमार जगनाथ थे। इस दिन भी अत्यंत प्रसिद्ध संगीतज्ञों के कार्यक्रम आनंदित करते रहे। कार्यक्रम के बाद होटल लौटते हुए हमने 'बगाटल मॉल' का भ्रमण किया।

अगला और पाँचवाँ दिन होटल हेनेसी पार्क छोड़कर माहेबर्ग जाने का था। विश्वरंग के आयोजकों और सभी प्रवासी साहित्यकार मित्रों से भावभीनी विदाई लेकर निकलते हुए, हमने पोर्ट लुई जाकर **'आप्रवासी घाट'** देखने का निश्चय किया। उसी से सटा हुआ **'स्लेवरी म्यूज़ियम'** भी देखा।

पोर्ट लुई के बाईं ओर बहुत बड़ी आम पार्किंग से बाहर निकलते ही ये दोनों स्थान आ जाते हैं। अदना-से छिपे-छिपे से बने हुए ये बहुत गंभीर इतिहास की परतों को खोलकर रखते हैं। इस म्यूज़ियम के अंदर क्रिओल, फ्रेंच और अंग्रेज़ी भाषा में इतिहास की तख्तियाँ लगी हुई हैं। अहाते के बीच के मैदान में एक विशाल पेड़ ठूँठ-सा खड़ा हुआ गुलामी की अद्यतन स्थिति का सूचक लगने लगता है। इसी आँगन में कई विज्ञप्ति-पट्टिकाएँ हैं जिसकी इबारतों से आज़ादी की लकीरों को पहचाना जा सकता है। यह केवल मॉरीशस ही नहीं अंतरमहाद्वीपीय दास प्रथा की भी समुचित जानकारी देता है।

जो आज स्लेवरी म्यूज़ियम है, यहाँ लाकर कभी बंधुआ मज़दूरों को गुलाम बनाकर कैद कर लिया जाता था। अपने देश में ऐसा संग्रहालय बनाना, जो इतिहास की कालिमा पर प्रकाश डालता हो, बहुत साहस का कार्य है, जो मॉरीशस ने कर दिखाया है। यह शब्द जितना छोटा है, उसका अस्तित्व और वज़न अवहनीय भार रखता है। खेतों और अन्य स्थानों पर बेगार कराने के लिए भारत, गिआना, मेडागास्कर व मोज़ाम्बीक से गरीबों को बेहतर ज़िंदगी का झूठा वादा कर यहाँ लाया जाता था।

1723 से गुलामी की जंजीरों का यह व्यापार शुरु हो गया था। गुलामी का इतिहास यहाँ डच लोगों द्वारा आरंभ किया गया। वे मेडागास्कर से गुलाम बना के यहाँ लाते थे। यूरोप युद्ध के बंधकों के साथ उनसे भी काम लिया जाता था। कई गुलामों के भागकर जंगल में छिप जाने के कारण डच लोग यहाँ से 17वीं शताब्दी के आरम्भ में छोड़ गए। इसके बाद फ्रांसीसियों द्वारा यही क्रम दोहराया गया। उनके द्वारा लाए गए गुलाम इतनी तादाद में थे कि उनकी संख्या स्वतंत्र मनुष्यों से कहीं अधिक थी। भारत और यूरोप के कामगार यहाँ के प्रमुख मज़दूर थे। इन मज़दूरों से खेतिहर, घरेलू और ईंट-गारे का काम कराया जाता था। पोर्ट लुई का निर्माण भी इन्हीं गुलाम मज़दूरों के दम पर 1735 में कराया गया था। कुछ को व्यापार तथा फौज में भी ले लिया जाता था। फ्रेंच कॉलोनी के लिए लगभग सभी काम ये गुलाम ही करते थे।

1807 में ब्रिटिश अम्पायर में स्लेवरी को समाप्त किया गया लेकिन ब्रिटिश कॉलोनियों में यह अभी भी ज्यों का त्यों बना रहा। अंग्रेज़ों के युग में चीनी उत्पाद ने ज़ोर पकड़ा और बहुत-से भूमिपतियों को इस कार्य के लिए प्रलोभन देकर लगाया गया। इससे गुलामों की स्थिति पर बहुत प्रभाव पड़ा। गन्ना खेतों और चीनी फैक्टरियों में काम करने वाले ये सभी गुलाम ही थे। इस समय तक लाए जाने वाले गुलाम बहुतायत में भारत जैसे देशों से ही लाए जाते थे जिन्हें गिरमिटिया या बंधुआ मज़दूर कहा जाने लगा। 'एग्रीमेंट' को स्थानीय भाषा में अगिर्मिट या गिरमिट कहने से ही इस एग्रीमेंट पर जाने वाले कामगार 'गिरमिटिया' कहलाने लगे। कुछ हद तक तो यह नया शब्द अपने नाम के अनुरूप ही जीवन को उसके स्तर से गिरा-मिटा देता है। 1835 में मॉरीशस में 'स्लेव' शब्द को हटाकर 'एप्रेंटिस' यानी प्रशिक्षु जैसा नाम दे दिया गया किंतु नाम बदलने से उनकी स्थिति में कोई खास अंतर नहीं आया। उनकी बदतर हालत सुधरने में और पाँच वर्ष लगे और बंधुआ मज़दूरों को कैदखाने की बजाय खेतों में रुकने की और समाज से मिलने-जुलने की छूट हो गई। यहाँ ये गोबर, मिट्टी और सूखी वनस्पति से बने हुए कच्चे मकानों में रहते थे।

उन्नीसवीं शताब्दी में इस विषय पर बहुत-सी सभाएँ व सेमिनार हुए तब 1980 के फरवरी माह में स्लेवरी को पूरी तरह से खत्म करने की घोषणा हुई। 2001 में एक फरवरी को गुलामी समाप्ति के उपलक्ष्य में राष्ट्रीय अवकाश घोषित किया गया। पोर्ट लुई में दासता के खूनी कतरे आज केवल इन कुछ स्थानों पर ही पहचाने जा सकते हैं। इन्हें सहेजकर आस-पास ही स्थापित कर दिया गया है। इसी कारण यहाँ 'स्लेवरी म्यूज़ियम' और 'आप्रवासी घाट' के अलावा 'पूर्व मिलिट्री हॉस्पिटल' भी है जो गुलामों को जीवित बचाए रखने के लिए था। इस स्थान पर म्यूज़ियम का निर्माण 2011 में 'सत्य व न्यायिक कमीशन' के आदेश पर हुआ है।

इस म्यूज़ियम में दास प्रथा से विमुक्ति के लिए काम करने वाले सभी योद्धाओं की दास्ताँ लिखी है। नाम और तस्वीरों के साथ संघर्षों के किस्से दर्ज हैं। ऊपर के माले पर कई कमरों में सचित्र जानकारियाँ हृदय को चीर कर रख देती हैं। बहुत-से यादगार व्यक्तित्वों के चित्रों को बाँस की खरपच्चियों पर लगाकर गन्ना खेतों का

सा आभास कराया गया है। इसमें विस्तार से जानकारी मौजूद है परंतु बहुत-से बोर्ड फ्रैंच में होने के कारण पढ़े नहीं जा सके।

पास ही बने हुए आप्रवासी घाट देखने हम पहुँचे जो पुराने मिलिट्री अस्पताल के पास ही बना हुआ है। वैश्विक धरोहर के रूप में मान्यता प्राप्त आप्रवासी घाट एक संग्रहालय की तरह ही प्रस्तुति देता है। बाद की सरकारों और संसद सदस्य व पत्रकार विक्रमसिंह रामलला के प्रयासों से संरक्षित किया गया है। अंग्रेज़ सरकार द्वारा इसी तट का चयन जहाजी बेड़ा लाने के लिए किया गया था जिसमें पहली बार वे गुलामों के स्थान पर गिरमिटियों को बोन्ड भरवाकर लाए थे। इसके बाद तो इसी घाट पर लगभग 5 लाख बंधुआ मज़दूर उतारे गए। इन्हें 'इंडेंचर्ड लेबर' कहा गया और इनका मुख्य काम गन्ने उगाने और चीनी को जहाज़ों तक ढोने का था।

पहले-पहल तो इसकी बाहरी चमक ने हमें मुग्ध किया किंतु अंदर के यथार्थ दर्शन ने हृदय को मथकर रख दिया। आज की आबादी के 70 प्रतिशत जनता के पूर्वज यहाँ बंधुआ मज़दूर के समान 1849 से 1920 के दौरान लाए गए थे। मॉरीशस के 1968 में स्वतंत्रता प्राप्त कर लेने के पश्चात आप्रवासी घाट मॉरीशियन इतिहास का प्रमुख स्मारक बन गया।

1978 में विक्रमसिंह ने इसी स्थान पर पहली जनता की सभा आयोजित की जिसे 'क्रिओल घाट' के रूप में जाना गया। यह सभा उन्हीं की याद में रखी गई जिन्होंने इस घाट पर बंधुआ रूप में कदम रखा। विक्रमसिंह रामलला का नाम यहाँ बहुत सम्मान से लिया जाता है। वे अपने लोगों के लिए बने थे और अपनी परंपराओं से गहरा जुड़ाव लिए हुए थे। इस ऐतिहासिक महत्त्व की जगह को बनाए और बचाए रखने के लिए उनका सतत योगदान व अथक चेष्टा सराहनीय है।

सबसे पहले लकड़ी के गट्ठों और पत्थरों से बँधा हुआ (एक बंधुआ मज़दूर का भान कराता हुआ) एक फट्टा दिखाई दिया जिसके फ्रेम को गन्ने की गँडेरी वाली आकृति के टुकड़े लटकाकर बनाया गया था। इसमें उन 36 बंधुआ मज़दूरों के नाम दर्ज थे

जो इस घाट पर 1834 में लाए गए थे। पहली पीढ़ी के बंधुआ दासों की तस्वीरें भी लगी हुई थीं।

अप्रवासी घाट 1960 के 'करोल' नामक समुद्री तूफ़ान में नष्ट हो गया था। उस दौरान अंग्रेज़ों ने बंधुआ आप्रवासियों को महात्मा गाँधी संस्थान में मोका में रखा। 1976 में आज़ाद सरकार ने इसका पुनर्निर्माण कराया। इसका पुराना नाम 'कुली घाट' था जिसकी नकारात्मकता को पहचानते हुए, बदलकर 1987 में आप्रवासी घाट किया गया जिसका सीधा-सीधा मतलब निकलता है- आप्रवासियों के उतरने का स्थान। इस घाट पर संग्रहालय एक प्रकार से उन सभी को श्रद्धांजलि अर्पण करना है जो इस घाट के दरवाज़े से नारकीय जीवन को भोगने के लिए धोखे से लाए गए। 2 नवम्बर का अवकाश उन्हीं की याद में रखा जाता है और यहीं अधिकारिक स्मरणोत्सव का आयोजन किया जाता है। 2006 में आप्रवासी घाट 'यूनेस्को' मानवता की वैश्विक धरोहर बन गया।

मॉरीशस एक ऐसा देश है जिसमें पूरे विश्व में सबसे अधिक बंधुआ मज़दूर बनाए गए। 1830 से 1910 के बीच ही चार लाख बासठ हज़ार लोग एक नए जीवन के शुरुआत का सपना लेकर यहाँ आए। भारत के अलावा चीन, मेडागास्कर, मोजाम्बीक, कॉमरोस, दक्षिण-पूर्वी एशिया और यमन से भी चीनी कारखानों में

काम करने के लिए बंधुआ बनकर लोग आए। इनमें से बहुत-से सदा के लिए यहीं रहे। बहुत कम ही थे जो अपने देशों को वापस जा सके या किसी और धरती पर पहुँच सके। मॉरीशस में बंधुआ मज़दूरों के सफल परीक्षण ने पूरे संसार में सवा दो करोड़ बंधुआ मज़दूर बनाए जिनमें कैरीबिया, दक्षिणी अमेरिका, दक्षिणी प्रशांत और एशिया भी शामिल है। अंग्रेज़ों द्वारा लगभग सभी कॉलोनियों जैसे फिजी, गियाना, जमाइका, दक्षिण अफ्रीका और ट्रिनिडाड आदि में इसी नीति से मुफ़्त के बंधुआ मज़दूर ले जाए गए। अंग्रेज़ों के अतिरिक्त, डच, फ्रांस, पुर्तगाल और स्पेन की कॉलोनियों में भी अंग्रेज़ों की देखा-देखी इसी प्रकार बेगार ली गई।

इन्हीं बेगार के काम करने से मॉरीशस में 200 से अधिक चीनी कारखानों में चीनी का उत्पाद आशातीत ढंग से बढ़ गया और सबसे बड़े निर्माता वेस्ट इंडीस को टक्कर देने लगा। अंग्रेज़ों द्वारा निर्यातित सामान की 85% आमदनी चीनी से ही होने लगी थी। चीनी व्यापार में तेज़ी से बढ़ोत्तरी ने मज़दूर बढ़ाए। सारे विश्व में चीनी के उत्पाद का लगभग 7 प्रतिशत केवल मॉरीशस से ही पैदा होता था।

सैद्धांतिक तौर पर इंडेंचर एक लिखित कोंट्रेक्ट होता था जिसके अनुसार इस पर हस्ताक्षर करने वालों का कानूनी रूप से अपने जीवन पर पूरा अधिकार होता था परंतु वास्तविकता इससे उलट होती थी। इन कामगारों की आज़ादी छीनकर इनसे इनकी सामर्थ्य से अधिक 18-20 घंटे काम लिया जाता था, खाने को बहुत कम दिया जाता था और रहने के लिए उन्हें तहखानों जैसी और बदबूदार जगहों में भेड़-बकरियों की तरह ठूँस दिया जाता था। काम से इंकार करने, छुट्टी लेने या काम छोड़ने पर उन्हें जेल में डाल दिया जाता था।

मॉरीशस में बंधुआ मज़दूरों की 95 प्रतिशत खेप भारत से ही आती थी जिनमें से बॉम्बे, कलकत्ता और मद्रास से अधिक लोग थे। यहाँ पहुँचने के लिए भी उन्हें समुद्र से 6 से 8 सप्ताह का समय लगता था। यह समय भी बहुत निराशाजनक निकलता था। उनकी समुद्री यात्राओं की पीड़ा व कष्ट भी इस संग्रहालय में प्रदर्शित है। यहाँ पहुँचने के बाद आप्रवासियों के जहाज़ की जाँच एक चिकित्सा अधिकारी द्वारा की

जाती थी। सभी यात्रियों को एकलवास (क्वारंटाइन) के लिए उत्तरी छोर पर एक अलग-थलग टापू पर रखा जाता था। सभी के स्वास्थ्य की पुष्टि हो जाने के बाद उनका मॉरीशस में प्रवेश निश्चित किया जाता था। उनमें हैजा, चेचक, मलेरिया या पीलिया होने का डर रहता था। उन्हें चेचक का टीका भी लगाया जाता था। इसके बाद उन्हें डिपो गोदाम में ले जाकर उनकी गिनती की जाती थी। उस समय उनकी यात्रा की परेशानियों को भी रिकॉर्ड किया जाता था। लगभग 600 आप्रवासियों को रखे जाने का स्थान था। उन्हें दो दिन के लिए वहाँ रखा जाता था जब तक कि सारी कागजी कार्यवाही पूरी न हो जाए। गोदाम में ही स्त्री-पुरुषों को अलग कर दिया जाता था। वहीं रसोई में बना खाना खिलाया जाता था।

इसी घाट पर बने दफ़्तर में बंधुआ मज़दूरों की फोटो के साथ उनके एलॉटमेंट की जगह का रिकॉर्ड रखा जाता था। फोटो वाला एक पहचान-पत्र बंधक को भी दिया जाता था। यही उनके निवासाज्ञा की टिकट भी होती थी। ईख कृषि स्वामी वहाँ आकर अपने लिए कामगार अपनी पसंद से चुनते थे।

यहाँ बंधुआ मज़दूर बनकर आए स्त्री-पुरुषों ने अपनी स्मृतियों, परंपराओं और मूल्यों को सँभाल कर रखा और नई पीढ़ी तक व अन्य आगंतुकों तक पहुँचाया। उन्हीं के समय के बहुत-से निशान इसी आप्रवासी घाट पर सुरक्षित रखे गए हैं। इस स्मारक से बाहर निकलकर बने हुए बैरकों के अवशेषों को देख उनके रहन-सहन का अनुमान लगाया जा सकता है और सामने समुद्र पर उन पदचिह्नों को मन की आँखों से देखा ही जा सकता है।

पास ही में इमिग्रेंट्स के लिए बना अस्पताल भी हमने देखा। उपचार के लिए इसमें सात कमरों के अलावा घोड़ा-गाड़ी खड़ी करने की जगह भी बनी हुई है। इसका प्रयोग सामान लाने ले लाने व पहली बार बंधुआ मज़दूरों को खेतों पर ले जाने के लिए किया जाता था।

डच लोग जब यहाँ से गए तो अन्य देशों में उन्होंने भी गुलामों की बजाय बंधुआ मज़दूरों से काम लिया। वे भारत चीन और जावा से इन्हें अपनी कॉलोनी ले जाते थे।

स्पेन कॉलोनी क्यूबा आदि में भी यही सिस्टम चीनी, कॉफ़ी, तम्बाकू और रबड़ की पैदावार के लिए चलाया। फ्रेंच कॉलोनियों में भी बंधुआ अफ्रीका, भारत और एशिया से लाए गए। धीरे-धीरे यह प्रथा विश्व के बहुत-से देशों में काली इबारत के समान इतिहास में दर्ज हुई। मॉरीशस भूमि के इस भाग ने ऐसी टीस भर दी कि आगे के सफ़र में फिर पूरा जी नहीं लगा।

यहाँ से बहुत-सी संवेदनाएँ सीने में समेटकर हम माहेबर्ग में रुकने के लिए होटल एडमिरल माहे के लिए निकले और मार्ग में 'राम मंदिर व रामायण सेंटर' होते हुए जाने का फैसला किया। वहाँ पहुँचते हुए हमें घंटा भर लगा। दूरी तो 35 किलोमीटर ही तय करनी थी किंतु हम रास्ते के सौंदर्य से मुग्ध होते चले आ रहे थे सो आराम से पहुँचे।

रामायण सेंटर और राम मंदिर रॉयल रोड, यूनियन पार्क में एक ही स्थान पर आमने-सामने बने हुए हैं। ये यहाँ की सांस्कृतिक धरोहर के रूप में विकसित हुए हैं। ये आध्यात्मिक संस्थान और आस्था के केंद्र भी हैं।

मंदिर के द्वार के ठीक सामने हमें गन्ना मिल की यह चिमनी भी दिखाई दी। इसमें बनने वाली चीनी हमें आप्रवासियों के रक्त से मिश्रित प्रतीत हुई। यह बहुत बड़ी गुनहगार दिखाई दे रही थी। इसका आकर्षण अब वितृष्णा में तब्दील हो चुका था।

रामायण सेंटर की अध्यक्षा डॉ. विनोद बाला अरुण को अभी पहुँचने में 10 मिनट बाकी थे तो हम पहले राम मंदिर के दर्शन को चले। मंदिर का मुख्य प्रवेश द्वारा भारतीय पारंपरिक शैली से बना हुआ है जिस पर स्वास्तिक, चक्र, पुष्प व देवी-देवताओं की आकृतियाँ उभरी हुई हैं। तीन दरवाजों वाले द्वार पर झरोखेदार पाँच बुर्जियाँ बनी हुई हैं। गुलाबी सेंडस्टोन से निर्मित बिल्कुल अयोध्या के राम मंदिर का प्रतिरूप लगता था। हमने इसे बाहर-भीतर सब ओर से देखा। रामायण सेंटर के कर्मचारी ने हमें स्वयं राम मंदिर दिखाया।

मंदिर दो तल पर बना हुआ है। पहले तल पर बड़ा हॉल है जो कि श्रद्धालुओं के लिए मुख्य मंदिर भी है। बिल्कुल केंद्र में राम दरबार तथा अन्य देवी-देवताओं के दिव्य दर्शन इसी भूमितल पर हैं। बाईं ओर प्रभु श्री लक्ष्मी नारायण विराजमान हैं तो दाईं ओर माँ दुर्गा। फूलों से सुशोभित शिवलिंग और नंदी भी स्थापित हैं। रामायण के दृश्यों की पेंटिंग से दीवारों और छत की शोभा बढ़ाई गई है। मंदिर के बाहर भारतीय तिरंगा भी लहराता हुआ मिला।

इसके ऊपर का तल रख-रखाव तथा त्योहार-उत्सव आयोजनादि के लिए प्रयोग किया जाता है। ऊपर से देखने पर एक मुख्य गुम्बद के चारों ओर 7 अन्य गुम्बद इसे

भव्य बनाते हैं। सामने का गुम्बद सबसे बड़ा है, उसके ठीक पीछे सबसे ऊँचा गुम्बद है और 3-3 दोनों ओर बने हुए हैं। ऊपर से नीचे जाने-आने के लिए चार सीढ़ियाँ हैं

जिनमें बीच में एक-एक बार घुमाव है। पहले तल की छत पर एक छत्र के नीचे हनुमान बाबा की मानवकद प्रतिमा ध्यानावस्था मुद्रा में स्थापित है। इस मंदिर का हवाई दृश्य यानी विहंगावलोकन, कच्छप की आकृति प्रदान करता है। हनुमान मंदिर कछुए के शीश और आठ गुम्बद उसके कवच का निर्माण करते हैं तो चार सीढ़ियाँ पैरों की भंगिमा बनाती हैं। सबसे ऊँचा वाला गुम्बद कूर्मी-पूँछ का आभास देता है।

परिसर के बीचों बीच एक गोल चक्करनुमा बगिया के मध्य में हनुमान जी विराजे हैं और बगीचे में एक चौकोर घेरे में पंडित राजेंद्र अरुण की प्रतिमा है जो रामायण सेंटर के संस्थापक अध्यक्ष रहे हैं। वे रामायण के प्रकाण्ड पंडित, विद्वान थे और उनके द्वारा रामायण के विभिन्न चरित्रों और पात्रों पर पुस्तकें लिखी गई हैं।

मंदिर एक बगिया के मध्य में स्थापित है। बगिया में तरह-तरह के उपादेयतापूर्ण वृक्ष लगे हुए हैं। वहाँ कई मोटे पेट वाले पाम वृक्ष लगे थे। हमारे नाम पूछने पर केयरटेकर ने 'बोटलनेक पाम' बताया अर्थात बोतल के आकार के तने वाले ताड़ के पेड़। कई फूलों वाले वृक्ष व बेलें भी मोहक लग रही थीं। चारों ओर फैली हरियाली और शांत वातावरण ने मन से सारी दुविधाओं का नाश कर दिया।

इस प्रमुख मंदिर का लोकार्पण वर्ष 2007 में प्रधानमंत्री डॉ. नवीनचंद्र रामगुलाम द्वारा हुआ था। 2002 में तुलसी जयंती के अवसर पर तत्कालीन प्रधानमंत्री श्री अनिरूद जुगनाथ के हाथों भूमि पूजन कर इसकी नींव रखी गई थी। इसके निर्माण में छ: वर्षों का समय लगा। इसके लिए मॉरीशस में बसे हिंदुओं द्वारा दान की गई राशि 600 करोड़ से भी अधिक थी। इसमें लगने वाले लाल पत्थर को राजस्थान से मँगवाया गया था।

राम मंदिर के सामने 'रामायण सेंटर' भी इसी रंगत का सौम्य शिल्प से बना हुआ भवन है। इसमें रामायण पुस्तकालय तो है ही, अध्यक्षीय कार्यालय भी है और प्रमुख अवसरों पर विशिष्ट व्यक्तियों के ठहरने की व्यवस्था भी है।

डॉ. विनोद अरुण के साथ हमने रामायण सेंटर का दौरा किया। पुस्तकालय में पाया कि दीवार के बीच में माँ सरस्वती का चित्र है और उनके चारों ओर रामकथा के भाँति-भाँति के ग्रंथ और पुस्तकें हैं। पुस्तकालय में बैठकर पढ़ने का भी प्रबंध है। उन्होंने अपनी लिखी सद्यप्रकाशित पुस्तक 'लछमन गुन गाथा' भी भेंट की।

राम दरबार में मत्था टेक प्रमुदित मन हम 'माहेबर्ग' की ओर बढ़ चले।

मंदिर से 18 किलोमीटर की दूरी पर हमारा अगला पड़ाव 'माहेबर्ग' और होटल 'एडमिरल माहे' मौजूद था। इसके रास्ते पर घने पेड़ों के झुरमुटों ने स्वागत किया। बाहों में बाहें डाले सड़क के दोनों ओर के पेड़ों की शाखाएँ एक हरी-भरी छतरी का निर्माण कर रही थीं।

मॉरीशस के दक्षिण-पूर्वी तटीय क्षेत्र पर बने कस्बे माहेबर्ग को पहले राजधानी का दर्जा हासिल था। इसके सौंदर्य की छटा ही निराली थी। 'ला शो' (la chaux) नामक नदी 20 किलोमीटर दूर से बहती हुई माहेबर्ग में आती है और हिंद महासागर से मिल जाती है। इस नदी पर बने केवेंडिश पुल से होकर हम गुज़रे और ऐसे ही खूबसूरत दृश्यों को देख सके जैसे कि इस स्थान के गूगल पर दिख रहे थे।

-गूगल से साभार

हम सीधा एडमिरल माहे गेस्ट हाऊस में पहुँचे जो समुद्र के सुरम्य दर्शन के साथ ही वाटरफ्रंट पर बना हुआ था। यह फ्रांस कॉलोनी के प्रसिद्ध एडमिरल के नाम पर बना है। इसे पसंद करने का एक और कारण यह था कि अगले दिन सुबह वापसी की फ्लाइट थी और हवाई अड्डा यहाँ से 15 मिनट की दूरी पर था। होटल की छत पर शाम गुज़ारने के लिए फर्नीचर मौजूद था। वहाँ से वाटरफ्रंट का नज़ारा साफ दिखाई देता था।

इसके पास ही प्रसिद्ध माहेबर्ग बाज़ार भी था जहाँ से हमने कुछ सूवेनिअर खरीदे। यहाँ से दस मिनट की दूरी पर ही 'ब्लू बे' था। तुरंत ही हम उसी ओर निकले। यहाँ तक पहुँचने के दस मिनट के रास्ते में हमें एक घंटा लगा। रास्ते के मोहक तट अपने अनछुए सौंदर्य से हमें बाँध रहे थे।

मार्ग में पड़े 'रेमी ओलियर बीच', 'प्वाइंट डी' एसनी बीच' बहुत लालायित करते थे। भीड़-भाड़ से दूर अनघ सौंदर्य के स्वामी ये अलग ही तपस्या में शांति से लीन प्रतीत होते थे। दूर तक के द्वीप भी यहाँ के निर्मल जल मध्य साफ दिखाई देते थे। इक्का-दुक्का नाव और यदा-कदा आने वाले पर्यटकों का उपकार मानते हुए पंछी निर्भीक कलरव कर रहे थे। प्राकृतिक सुषमा हृदय हर लेने पर उतारू थी।

इस स्थान के पास ही मॉरीशस का मिलिट्री कैम्प भी था। हमने आगे बढ़कर ब्लू बे पार्क तक ड्राइव किया। ब्लू बे मरीन पार्क सैलानियों से भरपूर था। गंगा घाट के समान यहाँ लोग मौजूद थे। पानी के अंदर, पानी के बाहर, तट पर, तट से बाहर, हर

जगह भ्रमण पिपासु लोगों का बोलबाला था। जितने मनुष्य, उससे अधिक नावें समुद्र की छाती को बेध रही थीं। हम कुछ देर पेड़ की छाया में उसकी मुँडेर पर बैठ सुस्ताए। फिर एक रेस्तराँ में कुछ खाया-पियाफिर पुन: तट पर आए। हमारे कुछ अन्य 'विश्वरंग' के साथी भी वहाँ मिल गए। हमने मिलकर एक काँच के

तल वाली जेटी किराए पर ली। डेढ़ घंटे की सैर में वह हमें बहुत दूर टापू तक ले गया। हवाई अड्डा पास ही होने से कई बार हवाई जहाज़ अपने ऊपर से उड़ते हुए दिखाई दिए। एकाध को हमने कैमरे में समेट भी लिया। नाविक कुशल था। उसने रास्ते में काँच के पार पारदर्शी समुद्री जल में बहुत-से रंग-बिरंगे कोरल दिखाए। ये सभी जीवित कोरल थे। उनमें जीव रहते और खेल-कूद करते नज़र आ रहे थे। हमें 'ज़िंदगी न मिलेगी दोबारा' वाली फीलिंग नहीं भी तो, कुछ कम ही सही, वह हो आई। समुद्र की तलहटी के जीवन से दो-चार होना और वह भी बिना पानी में कूदे, और क्या चाहिए था। बहुत आनंद आया। जाने क्यों मन भाव विभोर हो गया। वापस तट पर उतरकर हम बहुत देर तक कोरल की ही चर्चा करते रहे।

शाम होते-होते हम उठे और चाय आदि का पान कर पुन: वाटरफ्रंट पहुँच गए। तब तक वहाँ लगा हुआ रंगीन बाज़ार सिमट चुका था। हमने वाटरफ्रंट पर दूर तक सैर की। समुद्र-दर्शन के छज्जे तक गए। 'बैटल डी ले पास' मेमोरियल तक गए। यह स्मारक ग्रांड पोर्ट युद्ध में जान गँवाने वालों की याद में बनाया गया है। माहेबर्ग तट पर बहुत से कैफ़ेटेरिया और पूजास्थल भी थे। यह पिकनिक के लिए भी उपयुक्त जगह है। स्थानीय लोगों की पसंदीदा है और विदेशी पर्यटकों के आकर्षण के लिए भी सम्पूर्ण साज-ओ-सामान से लदी-फदी है। यहाँ से नाव लेकर 'मुकोइर रूज' नामक टापू पर भी जाया जा सकता है।

दिन ढलने पर हमने 'बोवलोन मॉल' का रुख किया। वहाँ भारतीय रेस्टोरेंट 'गुड कोरमा' में शाकाहारी भोजन का स्वाद लिया। अगले दिन तड़के ही उठकर कुछ सूखा नाश्ता जैसे ब्रेड-बटर तथा फलादि अपने साथ लिए और मॉरीशस के एयरपोर्ट के लिए निकल पड़े। कार भी लौटानी थी इसलिए जल्दी ही निकलना था।

मॉरीशस में जितने दर्शनीय स्थल देखे वे बहुत चित्ताकर्षक थे फिर भी जिन्हें न देख पाने का मलाल रहा, वे थे- 'पेंपल्मोसेस गार्डन', 'सिटाडेल फोर्ट', 'ला वैली डे कलर्स नेचुरल पार्क', 'रोचेस्टर फॉल्स', 'टमेरिन फॉल्स', 'इल ऑ फारे द्वीप',

'फ्लिक एन फ्लैक बीच', 'इल ऑक्स सर्फ्स' तथा 'ले मॉर्न इल्ल्यूज़न अंडरवॉटर फॉल'। चलिए, ये स्थान फिर कभी सही... अगले दौरे में।

वापसी की हमारी उड़ान पुन: मुम्बई होते हुए जानी थी। इस बार मुम्बई में 22 घंटे का ठहराव भी था। वहाँ एक रात के लिए एयरपोर्ट के पास ही होटल बुक करा लिया था। वह एक दिन मुम्बई घूमकर बहुत सुखद व्यतीत किया और अगले दिन पुन: मॉरीशस घूमने जाने का स्वप्न लेकर दुबई लौट आए।

हिंद महासागर का स्वर्गस्थल : मालदीव

मालदीव कब से ही मेरी अभिलाषा-सूची में ज्यों का त्यों बना हुआ था। यू.ए.ई. का शीतकालीन अवकाश बर्फ-प्रेमियों को यूरोप ले जाता है और प्रकृति-प्रेमियों को मालदीव, मॉरीशस, सेशेल्स, लक्षद्वीप आदि समुद्री द्वीपों के देशों में। मालदीव के शांत सौंदर्य व विलासिता का दुनिया भर में शोर है। 2022 में इस बार संयोग भी बन गया तो 5 दिन वहाँ घूम आने का निश्चय किया। गत 3 वर्षों से मालदीव दुनिया का सर्वोत्तम पर्यटन गंतव्य होने का दावा करता है।

दुबई या आबुधाबी से साढ़े छः घंटे की सीधी हवाई यात्रा में थकान भी नहीं होती। भारत से आने वाले यात्रियों के लिए भी चार घंटे की उड़ान होती है। वीज़ा आदि

का झंझट नहीं क्योंकि मालदीव दुनियाभर के लिए वीज़ारहित आमंत्रण है। अपने मालदीव पहुँचने और वहाँ से वापस निकलने की सारी जानकारी मालदीव के सरकारी कोष में जमा करानी होती है, 'इमुगा' (IMUGA) वेबसाइट के ज़रिए। यह काम उड़ान के 24 घंटे पहले ही दोनों ओर से करना होता है। यह बहुत आवश्यक होता है, इस फॉर्म को भरने के बाद मिला क्यूआर कोड चेक-इन के समय दिखाना होता है। हमने भी दो फॉर्म भरे और मालदीव के लिए रवाना हो गए।

भारत के दक्षिण में हिंद महासागर में स्थित छोटा-सा देश मालदीव हज़ारों द्वीपों का अद्भुत समूह है, जो प्रकृति की अनमोल देन प्रतीत होता है। करोड़ों वर्षों में मूँगे के जमा होने से बने ये द्वीप हल्के नीले रंग में चमकते हैं, और इनके सफ़ेद रेत वाले तट ऐसे लगते हैं मानो समुद्र में घुल रहे हों।

इन द्वीपों की सबसे बड़ी विशेषता उनकी स्वच्छता और सफ़ेद, मुलायम रेत है। जहाँ भूमि समुद्र से मिलती है, वहाँ पानी बिल्कुल पारदर्शी दिखाई देता है। जैसे-जैसे समुद्र की गहराई बढ़ती है, पानी का रंग भी बदलता जाता है- पहले हरा, फिर हल्का नीला और अंततः गहरा नीला।

मालदीव में कुल 1192 की संख्या में छोटे-छोटे कोरल द्वीप, 26 द्वीपसमूहों में विभाजित हैं। ये समूह भी मानचित्र पर एक माला का आकार व रूप लिए हुए प्रतीत होते हैं। इनमें से लगभग 200 द्वीपों पर ही स्थानीय लोग निवास करते हैं, जबकि 89 द्वीपों को पर्यटन के लिए रिसॉर्ट के रूप में विकसित किया गया है। यहाँ की प्राकृतिक सुंदरता इतनी आकर्षक है कि राजधानी माले से बाहर निकलते ही हर क्षण समुद्र के बीच होने का अनुभव होता है। इसी अनुपम सौंदर्य के कारण मालदीव को वर्ष 2006 में 'वर्ल्ड ट्रैवल अवॉर्ड्स' द्वारा दुनिया के सर्वश्रेष्ठ डाइविंग स्थल का सम्मान भी प्राप्त हुआ था।

दिन की ही यात्रा थी तो साँझ के धुँधलके में हम राजधानी 'माले' द्वीप पर स्थित 'वेलाना अंतरराष्ट्रीय हवाई अड्डे' पर उतरे। हवाई अड्डा बहुत बड़ा नहीं है परंतु सभी मूलभूत सुविधाएँ उपलब्ध हैं। इमिग्रेशन ऑफ़िसर ने होटल की बुकिंग के

कागज़ात आदि की जाँच की तथा मालदीव में प्रवेश का ठप्पा पासपोर्ट पर अंकित कर दिया। अपनी अटैचियाँ लेकर बाहर आते ही हमने सबसे पहले अपने टूर प्रतिनिधि को खोज निकाला। उनके दल में दो सदस्य थे। एक अर्मेनिया से आई हुई युवती ज़ारा और एक मालदीव से स्थानीय युवक मुआज़। ज़ारा अंग्रेज़ी में बात करती थी और मुआज़ से बात करने के लिए भी अंग्रेज़ी ही चाहिए थी। जबकि मालदीव पर बहुत-से लोग हिंदी समझ लेते हैं, मुआज़ एकाध शब्द ही जानता था हिंदी का। जब तक ज़ारा और मुआज़ सबको होटल भेजने की व्यवस्था कर रहे थे, हमने एक स्थानीय सिम खरीद लिया। 'ऊरीदू' कम्पनी का सिम पैंतीस डॉलर का आया, जिससे एक माह तक काम चलाया जा सकता था। हमें तो उसकी ज़रूरत 5 दिन ही थी।

माले द्वारा एक पुल से जुड़े हुए पास के द्वीप 'हुल्हुमाले' में हमारे चार सितारा होटल 'सी-साल्टर' द्वारा हमारे एयरपोर्ट ट्रांसफर का प्रबंध था। एयरपोर्ट से बाहर कदम रखते ही सामने अथाह समुद्र; हम खुशी से उछल पड़े।

दो कदम की दूरी पर फैरी स्टेशन था। सैंकड़ों यॉट आ-जा रही थीं। पास में सी-प्लेन की उड़ान का अड्डा भी था। पेड़ों के झुरमुट के पीछे से झाँकती समुद्र की खिड़कियाँ और उन पर विहार करती नावें, किसी काव्यमय दृश्य की उपस्थिति कर रहा था।

थोड़ी ही देर में अँधेरा घिर आया, तब तक हमारी कार भी आ चुकी थी। हम समुद्र तट पर स्थित अपने होटल में पहुँचे। थोड़ा सुस्ताकर व चायादि के बाद तरोताज़ा महसूस किया और हम पैदल ही आस-पास घूमने निकल गए। हुल्हुमाले के पूर्वी तट पर अनेकों होटल बने हुए हैं। चप्पे-चप्पे पर वॉटर स्पोर्ट्स के क्लब बने हुए हैं। रेस्टोरेंट की भी भरमार है। फल-सब्ज़ियों की भी बहुत-सी दुकानें बनी हैं।

हमें हमारे ट्रैवल एजेंट ने पहले ही बताया था कि वहाँ डॉलर चलते हैं, तो हम काफ़ी मात्रा में डॉलर ले आए थे। यहाँ पता चला कि दुकानदार डॉलर लेकर मालदीवी मुद्रा लौटाते हैं तो वे 1 डॉलर के 15 'रुफिया' लगाते हैं, जबकि मनी एक्सचेंज वाले 17 'रुफिया' देते हैं। हमने एक्सचेंज की ओर चलना शुरु किया। 'बॉम्बे दरबार' रेस्टोरेंट और मनी एक्सचेंज आजू-बाजू हैं। एक्सचेंज शाम आठ बजे बंद हो जाता है तो सुबह दोबारा आने का निर्णय कर 'बॉम्बे दरबार' में राजमा चावल का स्वाद लिया। सामान्य जनजीवन के लिए अधिकतर दुकानें आठ बजे के आस-पास बंद हो जाती हैं। लेकिन हमने पाया कि सात बजे दुकान खुली होने पर भी विक्रेता

सामान बेचने में रुचि नहीं रखते। ग्राहक दुकान में घुसे तो उन्हें असुविधा होने लगती है।

अगला दिन हमारा सिन्नामन द्वीप पर बने सिन्नामन धोनवेली लक्ज़री रिसोर्ट के लिए तय था। सुबह नाश्ते के लिए होटल की छत पर पहुँचे तो उगते सूरज का नज़ारा

देखकर मन प्रसन्न हो गया। समुद्र की ओर से आती बयार, तट को धकियाती-सी लहरों का शोर, नारियल के झुंड से छनकर आती रश्मियाँ और अठखेलियाँ करती नावें; एक कल्पनात्मक संसार सामने खड़ा था। हल्का नाश्ता कर हमने एक दिन का सामान साथ लिया और मुआज़ की प्रतीक्षा करने लगे। मुआज़ ने हमारे स्थानांतरण की व्यवस्था की और एक लोकल वैन में हमें फैरी स्टेशन तक ले आया। एक दिन के सिन्नामन आवास वाले बहुत से भारतीय व विदेशी जोड़ों व परिवारों से हमारी भेंट हुई। नेपाल, रूस, तुर्की, फिलीपींस व अल्ज़ीरिया से आए एकल यात्री तथा भारतीय और बांग्लादेशी परिवारों से हमारी अच्छी मित्रता हो गई। वह एक 20 सीट वाली छोटी फ़ैरी थी।

ग्लोब या मानचित्र में देखने पर ऐसा लगता है कि नीले कागज़ पर किसी नादान बालक ने सफेद स्याही वाला पैन झटक दिया हो तो उससे बने बिंदुओं को विधाता ने पृथ्वी पर मूर्तरूप रच, मालदीव नाम दे दिया है और मानव ने उसे एक देश घोषित कर दिया है। प्राकृतिक व मानव निर्मित लगभग 1192 द्वीपों के समूहों का एक नाम है-मालदीव। फैरी में बैठे हुए लगा कि हम ईश्वर की कलाकृति को निकट से देख-देखकर हर्षातिरेक से आह्लादित हैं। गूँगी के गुड़ के समान उसका उल्लास बता भी न पा रहे हैं। बताएँ भी किसको, सभी तो गूँगे थे अपने-अपने मुँह में गुड़ की डली चुभलाते हुए।

हिंद महासागर पर 15 मिनट दौड़ते हुए फैरीचालक ने सिन्नामन के मुख्य मंडप पर हमें उतार दिया। टूर मैनेजर ज़ारा रास्ते में आए स्थानों का संक्षिप्त परिचय देती रही। उसकी सुनें और मस्तिष्क के प्रकोष्ठों में उँडेलते जाएँ कि महासिंधु के स्वर्गस्थल के दृश्यों को आँखों के कैमरे में जकड़ लें, दुविधापूर्ण स्थिति थी। फैरी की गति के कारण हवा बहुत तेज़ी से हमारे ज्ञानेन्द्रियों से हाथापाई भी करती है, जिसके कारण कम सुनाई आता है। नाविकदल के लोग सभी यात्रियों का हाथ पकड़-पकड़कर उन्हें द्वार के उस पार उतार देते हैं। सिन्नामन द्वीप की हरियाली दूर से ही आकर्षित कर रही थी। 10 बजे हम सिन्नामन के काष्ठनिर्मित द्वार व पानी में तैरते चबूतरे पर खड़े थे।

यहाँ आकर ही जाना कि क्यों मालदीव इतना प्रसिद्ध है। सिन्नामन का अनछुआ-सा अनघ सौंदर्य एक-एक कण में विद्यमान था। दृश्य इतना मनभावन था कि हम सभी अलग-अलग कोणों से अपनी व औरों की तस्वीरें लेने में मगन हो गए। ज़ारा और सिन्नामन के कर्मचारी हमारी इच्छा के विपरीत हमें घेर-घेर कर स्वागत कक्ष में ले आए। द्वीप बड़ा है और उसमें कई तरह के डर भी व्याप्त हैं। पूरे द्वीप का नक्शा देकर हमें रास्ते समझाए गए। हमें हमारा स्थान, सब ज़रूरी सुविधाएँ, दोपहर के भोजन का रेस्टोरेंट, तरणताल, गार्डन सुइट, बीच विला, वाटर कोटेज सब दिखा दिए गए। अवश्य यहाँ दालचीनी के पेड़ होंगे जो द्वीप व रिसोर्ट दोनों का नाम ही सिन्नामन है।

वनस्पति की बहुत जानकारी तो नहीं थी किंतु दालचीनी की खुशबू हमने कई स्थानों पर तीव्रता से महसूस हुई।

हमने स्वागत पेय पदार्थ ग्रहण किया और वाटर कोटेज की ओर बढ़े। वहाँ अभी कमरे तैयार किए जा रहे थे। इस समय को हमने भरपूर फ़ोटोग्राफ़ी करने में बिताया। वेनिस के मकानों से भी अधिक रमणीय थे पानी से 10-12 फुट ऊपर बने हुए, पतली-पतली टाँगों पर खड़े हुए आलीशान कोटेज।

हमने उनकी पूरी संरचना समझी। द्वीप की धरती से लकड़ी के पुल द्वारा जुड़े हुए, पूरी तरह पानी के मध्य बने हुए, ये तैरते कोटेज, स्वार्गिक अनुभूति कराने में सक्षम

थे। यही मालदीव की विशेषता है, जिसके लिए दुनियाभर से पर्यटक मालदीव में छुट्टियाँ मनाने आते हैं।

सिन्नामन द्वीप व रिसोर्ट को एक छोटा वन भी कहा जा सकता है। तरह-तरह की वनस्पति से घिरा पक्षियों के कलरव से गूँजता बहुत आनंददायक स्थान है। तिरछे तने वाले बड़े-बड़े नारियल के वृक्ष नीर-चुंबन को मचलते हुए से तट की शोभा बढ़ा रहे थे। नैसर्गिक सुषमा ऐसी कि पत्ता-पत्ता बोलता प्रतीत होता था। तट की आराम-कुर्सी पर कुछ देर पड़े रहे, कभी पेड़ों से बँधे झूले पर तो कभी पानी के बीच बने झूले पर झूलकर आनंद लेते रहे। तट पर सूखे पत्तों व टहनियों से बनी छत व बिना दीवारों वाली झोंपड़ियाँ बनी हुई थीं। एक बजते-बजते भोज के लिए बने भोजनालय में शाकाहारियों के ढेरों व्यंजन देखकर भूख जागृत हो गई। छककर खाना खाया, कभी पानी में कभी कुर्सी पर सुस्ताया फिर तरण-ताल में डुबकियाँ लगाईं। शाम होते-होते सारे द्वीप का भ्रमण कर लिया।

मालदीव में कई द्वीप व्यापारियों की निजी संपत्ति की तरह हैं और उन पर रिसोर्ट बनाए गए हैं। यहाँ 400 के लगभग इस प्रकार के रिसोर्ट बने हुए हैं। उन तक पहुँचने के लिए बुकिंग, फैरी या सी-प्लेन आवश्यक है। फैरी के लिए बंदरगाह और सी-प्लेन के उतरने की व्यवस्था अमूमन हर द्वीप पर है।

अगला दिन मालाहीनी कुदा बंदोस रिसोर्ट का तय था। यहाँ भी एक दिन व्यतीत करना था। इस रिसोर्ट पर सभी प्रकार के वॉटर स्पोर्ट्स की भी व्यवस्था थी। रिसेप्शन, स्नानगृह, भोजनालय, दुकानें व अन्य सभी निर्माण घने वृक्षों से अच्छादित थे। यह द्वीप सिन्नामन से अपेक्षाकृत छोटा था किंतु सभी आधुनिकतम सुविधाओं से लैस था।

यहाँ हमने पहले पूरे द्वीप का घूम-घूमकर मुआयना किया। आज मौसम का मिजाज़ कुछ गर्म था तो तट पर अधिक समय न सुहा रहा था। पेड़ों की घनी छाँह में उनके तने से बने झूले पर खूब आराम से ठंडक ली। स्केटबोर्डिंग, पैराग्लाइडिंग, फ़्लाईबोर्डिंग, पैरासेलिंग, जेटस्कींग, स्कूबाडाइविंग आदि सभी तरह के रोमांचक कारनामों का प्रबंध यहाँ था। हमने वॉटर स्पोर्ट्स सेंटर से कयाकिंग की नाव व पतवार ली। थोड़ी दूर तक कुछ डर लगा। एक बार नाव को पुन: तट पर खींच लिया। उसके बाद साहस कर फिर से कयाक शुरु किया किंतु डर ने साथ न छोड़ा। फिर पतिदेव ने एक अन्य सहयात्री के साथ कयाकिंग का शौक पूरा किया और मैंने इतनी देर वहाँ की वनस्पति तथा जीव जगत का मुआयना करने में समय व्यतीत किया। लगभग एक घंटे में वे दोनों कयाक करते हुए हाज़िर हुए तो पता चला कि वे पूरे द्वीप की परिक्रमा कर आए हैं। वे बहुत प्रसन्न जान पड़ते थे। उन्होंने अपने डर व

रोमांच के पलों के बारे में मुझे बताया। इस दौरे ने मन मोह लिया और पतवार चला-चलाकर भर आई बाँहों का दर्द विस्मृत हो गया।

मालाहीनी में भी शाकाहारी भोजन की अच्छी व्यवस्था थी। हम रिसोर्ट के नाम से इसी कारण घबराते थे कि द्वीप पर कैद होने के कारण रिसोर्ट के अलावा आहार के लिए कहीं और तो जा नहीं सकते और अगर सब माँस-मच्छी ही होगा तो हम कैसे गुज़ारा करें। खाना जैसे-जैसे पेट के अंदर जाता रहा, डर छूमंतर हो गया। मालाहीनी में कई दुर्लभ पक्षी पाले जा रहे हैं। उनकी हरकतों को देर तक देखना प्रकृति के और निकट ले आया।

मौसम बदलने लगा था और हल्की बूँदा-बाँदी शुरु हो गई थी। कुछ देर आराम कर समुद्र के पानी में गोते लगाए और शाम की चाय का आनंद मैच देखते हुए लिया। रात के खाने के बाद खूब जमकर बारिश हुई और मौसम सुहावना हो गया। सुबह प्रकृति का नज़ारा किसी सद्यस्नाता यौवना के रूप-सा स्निग्ध हो गया। हम सुबह सैर को निकल पड़े। कैमरा फूल-पत्तों पर ठहरी पानी की बूँदों को बाँधने लगा।

चौथा दिन एडवेंचर ट्रिप के लिए नियत था। इस दिन लगभग हर तरह के पानी के वाहन की सैर कर ली। पहले फैरी पर चढ़े, फिर फैरी से यॉट, यॉट से छोटी नौका पर। यह पूरा दिन मूलत: यॉट से स्थान-स्थान की सैर का था। यॉट पर एक रसोई थी,

आराम करने या सोने के लिए दस कमरे बने थे। यह तीन तल वाली यॉट थी। यॉट के आगे बढ़ते ही ताज़े फलों के रस व चाय-कॉफ़ी से स्वागत किया गया। स्थानीय लोगों के सात दल वाले तैराक-मल्लाहों और कैप्टन से हमारा परिचय कराया गया। संगीत की पूरी व्यवस्था थी। मस्ती में गाते, झूमते नाचते हुए यात्री आपस में मित्र हो गए थे। समुद्र में स्नोक्लिंग के लिए हमें सुरक्षा जैकेट पहनाई गई, आँखों व नाक को ढकने वाला चश्मा पहनाया गया और मुँह से साँस लेनेवाला पाइप लगाया गया। फिर एक छोटी नौका द्वारा समुद्र के बीच में ले जाकर पानी में छोड़ दिया गया। यहाँ हम सबको मुँह से साँस लेते हुए पाइप को ऊपर रखकर समुद्र तल में कोरल देखने थे। डर के मारे मेरी साँस उखड़ने लगी और दस मिनट में ही नौका पर जाने के मेरी ज़िद मानकर मुझे वहाँ बिठा दिया गया।

कोरल इतने सख्त होते हैं कि वे पैरों से टकराकर पैरों को घायल कर रहे थे। एक साथी स्त्री सैलानी के पैर से खून भी निकलने लगा तो उसे साथ लेकर हम दोनों यॉट पर लौट आए। कुछ नींबू-पानी पीकर जान में जान आई। वह स्त्री स्वयं एक डॉक्टर थी। उनके कहे अनुसार उनकी मरहम पट्टी की गई। उन्होंने अपने साथ लाई दवाइयाँ खाईं। अगला पड़ाव समुद्र के एक और द्वीप के पास पानी के भीतर भाँति-भाँति की मछलियों के निरीक्षण का था। हमने स्नोक्लिंग से तौबा की और यॉट पर ही बने रहे। यॉट का लंगर डाल दिया गया और नौका से बाकी यात्रियों को मछली-दर्शन को ले

जाया गया। नन्हे शिशुओं वाली कुछ और भी माताएँ हमारे साथ यॉट पर रहीं। हमने यॉट के ऊपरी तल का अवलोकन किया और द्वीपों का नज़ारा लिया। एक घंटे तक मछलियाँ देखकर हमारे साथी यात्री लौट आए। अब तक मल्लाह-दल द्वारा खाना तैयार हो चुका था। एकाध नॉन-वेज के अलावा दाल-चावल, नूडल्स, भिंडी की सब्ज़ी सलाद व फल आदि बहुत स्वादिष्ट खाना मालदीव के मल्लाहों ने बनाया था।

हिमाफूशी द्वीप पर हमें खरीदारी के लिए ले जाया गया। यह द्वीप काफू एटोल में स्थित है। यह एक अल्पसंख्यक नागरिकों वाला द्वीप था जहाँ कुछ नशामुक्ति पुनर्वास केंद्र, वाटर बॉटलिंग प्लांट और टूना फैक्ट्री थी। यह द्वीप लोबस्टर यानि केकड़े से बने भोजन और हाथ से बने स्मृति-चिह्नों के लिए प्रसिद्ध है। हमने पूरे द्वीप को पैदल घूमकर छान मारा। मालदीव में हमें बैठने के लिए एक अलग ही जुगाड़ जगह-जगह दिखाई दिया। सोफ़े-कुर्सी आदि की बजाए एक लोहे के फ्रेम पर तारों से जाल बुनकर आराम-कुर्सी बना दी जाती है। उस पर बैठकर थकी हुई पीठ को वाकई आराम मिलता है। हम हिमाफुशी के स्कूल, प्रशासनिक कार्यालय आदि सब देखकर थक गए थे। स्मृति-चिह्नों की दुकान वास्तव में एक संग्रहालय के जैसी थी। तमाम तरह की पुरातन वस्तुएँ अपने इतिहास को लपेटे हुए वहाँ मौजूद थीं। एक छोटा-सा फ्रिज-चुम्बक खरीदा और अपनी नौका पर आ गए।

यॉट अब हमें सैंड बैंक द्वीप पर ले गई। यह भी करिश्मा ही है प्रकृति का कि समुद्र में बहती हुई रेत समुद्र के बीच एक स्थान पर जमा होकर द्वीप का निर्माण कर रही है। यह स्थान 'एम्बुडू विलेज रिसोर्ट' और 'ताज एक्ज़ोटिका रिसोर्ट' के पास ही है। इसकी खास बात यह है कि उथले पानी के कारण यॉट यहाँ तक नहीं आ सकती। नौका द्वारा हमें सैंड बैंक से लगभग 600 मीटर दूर छोड़ा जाता है फिर कमर तक पानी में चलकर हम इस अनोखे द्वीप पर पहुँचते हैं। रेत और पानी में सबने बच्चों की तरह लोट लगाए। सैंड बैंक पर कई-कई किलो वज़न के जीवित कोरल देखने को मिले। कोरलों पर पैर रखने से खुद को बचाते और उन्हें बचाने की कोशिश करते हुए हम नाव में सवार होकर यॉट तक पहुँचे। आज लगातार बारिश हो रही थी। उसके बावजूद भी डॉल्फ़िन देखने गए और किस्मत से पानी के ऊपर अर्धचंद्राकार में उछलती डोल्फ़िन देख सभी खुशी से चीख पड़े। हमारा यह दिन एक रोमांचकारी अनुभव के साथ समाप्त हुआ। इतने पर भी हम खोजी कहाँ रुकने वाले थे। होटल पहुँचकर हमने रेत पर चलने के लिए हल्की चप्पलें पहनीं और हुल्हुमाले के समुद्र तट की सैर को निकल पड़े।

हुल्हुमाले मानवनिर्मित द्वीप है। माले शहर पर जब बसावत बढ़ने लगी तो भूमि रिक्लेम कर इस द्वीप को विकसित किया गया। इस द्वीप पर पतली पगडंडी-सी गलियाँ हैं, जिनके किनारे स्टैंड पर खड़े दुपहिया वाहनों की भरमार है। मुख्य मार्ग

1-1 लेन के ही हैं। चारों ओर खूब हरियाली है। हम द्वीप के अंत तक पहुँचे तो पाया कि आगे और अधिक भूमि का निर्माण कर हुल्हुमाले एक्सटेंशन बनाया जा रहा है। उसे एक अलग द्वीप की तरह बनाकर मुख्य द्वीप से 3 समानांतर पुलों के माध्यम से जोड़ा गया है। इस नए द्वीप पर अब अन्य देशों की तरह बहुमंजिली इमारतें बनाई जा रही हैं।

पाँचवा दिन माले शहर के भ्रमण के लिए तय था। इसके लिए हमें 12 बजे निकलना था। 9 बजे नाश्ते के बाद हम हुल्हुमाले शहर देखने निकल पड़े। रेडवेव मेगामॉल, सेंट्रल पार्क, बच्चों का स्कूल, यूनिवर्सिटी, स्टेडियम, शॉपिंग सेंटर, पुलिस स्टेशन, सरकारी कार्यालय आदि देखकर हमने शहर के आम जनजीवन का चित्र समझ, आँखों में बसा लिया।

दोपहर को हमें टैक्सी से माले ले जाया गया। हम 20 लोगों का एक समूह था। मालदीव का स्थायी निवासी हमारा गाइड था। उसके आम मनुष्यों जैसे बाल देखकर हमें हैरानी हुई। यहाँ पर आदमी लम्बे बाल रखने के शौकीन हैं। घुँघराले लम्बे बाल उनके कंधों और कमर पर झूलते रहते हैं। लम्बी लहराती केशराशि को स्त्रियों की भाँति खोले हुए वे बाइक चलाते रहते हैं। मालदीव में कारें अपेक्षाकृत कम हैं, स्थानीय निवासी बाइक चलाते हुए ही पाए जाते हैं। द्वीपों पर बने रिसोर्ट पर तो केवल साइकिल ही चलाई जाती है।

सबसे पहले हमें स्थानीय बाज़ार में खरीदारी के लिए छोड़ दिया गया। यहाँ सड़क पर घूमते सेल्समैनों में हमें अपनी दुकान तक ले जाने की जैसे होड़-सी लग गई। एक वाजिब कीमत वाली दुकाने से 1-2 वस्तुएँ हमने यादगार के लिए खरीद लीं। बरखा रानी लगातार छींक मार-मारकर अपने जुकाम का संदेश देती जाती थीं। उसी की उदारता से तृप्त हमने पेट-पूजा की फिर यहाँ हमने नेशनल म्यूज़ियम, मुली आगे (राष्ट्रपति भवन), ग्रांड फ्राइडे मस्जिद, सुलतान पार्क, नगर निगम कार्यालय, मजीदी मागू और आइलैंड बाज़ार देखा। सड़कों पर साइन बोर्ड दिवेही भाषा में लगे हैं। यह भाषा श्रीलंका की सिंहली और अरबी भाषा से मिलती जुलती है। 'धीव्स अकुरु' लिपि को अब थाना लिपि कहा जाता है जो दाईं से बाईं ओर लिखी जाती है। मालदीव को स्थानीय भाषा में 'दिवेहि राज्ये' कहा जाता है।

(चित्र- गूगल से साभार)

'हुकुरु मिस्की' अर्थात् पुरानी मस्ज़िद यहाँ एकमात्र ऐसी इमारत है जो विश्व विरासत स्थलों में शामिल है। गाइड ने हमें बताया कि यह 400 साल पुरानी

एकमात्र रचना यह मस्जिद बची थी जब यहाँ के प्रशासन को पुरानी इमारतों को बचाकर रखने के महत्त्व का पता चला। इससे पहले जगह की कमी को देखते हुए पुरानी ऐतिहासिक इमारतों को ढहाकर उन पर नवीन स्थापत्य वाले निर्माण कर दिए गए थे जिससे अधिक लोगों को रहने का बंदोबस्त किया जा सके। इसे पूरी तरह स्थानीय कोरल से बनाया गया है और यह पूरी तरह से मोबाइल है, यानि इसे खोलकर किसी और स्थान पर ऐसे ही पुन: रचा जा सकता है। इसके अहाते में ही शाही मकबरा है जिसमें पिछली कई शताब्दियों से राजसी परिवारों की कब्रें हैं।

इसके साथ सटा हुआ है राष्ट्रीय संग्रहालय मालदीव्स, जिसकी मुख्य दीवार के बाहर एक 3 मीटर व्यास का बड़ा-सा छेद दिखाते हुए गाइड ने बताया कि यह लिट्टे आक्रमणकारियों द्वारा हमले की निशानी के रूप में इसी प्रकार छोड़ा गया है। उस समय भारत की सेना ने मालदीव को दुश्मन से बचाया था। सेंध लगाने को गोले दाग कर बनाया गया यह छेद शहीदों की याद दिलाता है और मालदीवियों को अपने देश की स्वाधीनता बनाए रखने को प्रेरित करता है।

इसके सम्मुख ही है 'मुली आगे' यानि राष्ट्रपति निवास, इसके अंदर जाने की मनाही है। हमने बाहर से ही कुछ तस्वीरें उतारीं और साथ सटे हुए 'सुलतान पार्क' की शरण ली।

पार्क बहुत ही सुंदर बना हुआ है। सुहावना मौसम है तो कौन इन नए डिज़ाइन के झूले पर झूलने के मोह को संवरण कर पाएगा। पार्क में कई छोटे तालाब और उनमें तैरती रंग-बिरंगी मछलियाँ दर्शकों के आकर्षण का केंद्र बनी रहीं। तालाब पार करने के पुल तस्वीर लेने की सर्वोत्तम जगह बन शान बघार रहे थे। जगह-जगह मचानें बनी हुई थीं। बच्चों को लुभाने वाले सतरंगी झूले, और तो और इक्को-दुग्गो खेलने के खाँचे भी बने हुए थे। बचपन आँखों में तैर गया।

1984 में बनी यह नई मस्जिद ग्रांड फ्राइडे मॉस्क कहलाती है। यह बहु-उद्देशीय मस्जिद है, जिसमें कई मंत्रालयों के कार्यालय, उत्सव-गृह आदि हैं। 1573 में पुर्तगालियों के शासन का अंत करने वाले सुल्तान के नाम पर इस मस्ज़िद का नाम रखा गया है। पुर्तगालियों के अलावा यहाँ हॉलैंड और अंग्रेज़ों का भी शासन रहा है।

अन्य इस्लामिक देशों की तरह यहाँ भी शुक्रवार व शनिवार अवकाश रहता है। मस्जिद के चित्र में लोकल गाइड हमें इसके बारे में बता रहा है कि यह देश पहले बौद्ध धर्म को मानता था। 900 साल पहले यह इस्लामिक देश बना। देश की आधी आबादी मुस्लिम व आधी ईसाई है। स्त्रियों व पुरुषों को समानाधिकार प्राप्त हैं। हिज़ाब आदि पहनना या न पहनना उनकी अपनी मर्ज़ी है। स्त्रियाँ सभी जगह कार्य करती हैं। संसद में 60% महिलाएँ हैं।

इसके बाद हम माले बंदरगाह की ओर गए। रास्ते में गाइड ने बताया कि हर द्वीप पर पॉवर हाऊस है लेकिन अब सरकार सौर-ऊर्जा के संयंत्र लगाकर बिजली बनाने पर कार्य कर रही है और सभी निजी द्वीपों पर यह कार्य प्रारंभ हो गया है। पवनचक्की लगाने के बारे में भी विचार किया जा रहा है।

फिश मार्केट तट पर ही बनी हुई है। बदबू के कारण उसके अंदर कदम रखने की हिम्मत न कर सकते थे। आयात-निर्यात के लिए मालवाहक जहाज़ों का बेड़ा गाइड

ने हमें दिखाया। शाम का समय हो चला था तो वह बंदरगाह की बाहरी दीवार तक हमें एक अजूबा दिखाने ले गया।

हमने शार्क की प्रजाति की स्टिंगरेज़ मछलियों का झुंड का झुंड दीवार के पास तैरते देखा। इन मछलियों का शिकार व सेवन मालदीव में वर्जित है। कानून का पालन सख्ती से किया जाता है इसी कारण ये मछलियाँ यहाँ स्वतंत्रता से मजे कर रही थीं। बिल्कुल किनारे तक आने का इनका लालच था व्यापारियों द्वारा सड़ी हुई बची मछलियों का समुद्र में फेंका जाना, जिसका भोग लगाने ये स्टिंगरेज़ यहाँ रोज शाम एक निश्चित समय पर आती हैं। उनके उन्मुक्त विचरण का हमने भी लुत्फ़ उठाया। अब वापसी की राह पकड़ने से पहले हम स्थानीय बाज़ार घूमे जो वहीं बंदरगाह के सामने ही है। बाकी तो सभी प्रकार की सब्ज़ी-फल वहाँ थे पर एक फल ने हमें बहुत लुभाया जिसकी फाँकें बिक रही थीं। इसे धिवेली भाषा में 'काशीकेयो' तथा अंग्रेज़ी में स्क्रयूपाइन कहते हैं। इसका आकार देखकर मैं दंग रह गई। बड़े-बड़े सीताफल इसके सामने बौने दिख रहे हैं। इसको गूगल करके मालूम हुआ कि यही केवड़े का फल है, जिसका शरबत व इत्र हम प्रयोग में लाते हैं। इसके अलावा यह खट्टा फल 'बिलिम्बी' भी रोचक लगा। इसकी बनावट कुछ-कुछ कमरख से मिलती-जुलती है।

अभी बहुत कुछ खोजबीन करने की इच्छा बाकी थी किंतु आज पाँचवाँ दिन था और रात की फ्लाइट थी। वापिस होटल पहुँचकर पहले से पैक किया हुआ सामान सँभाला और हवाईअड्डे पहुँचे। रास्ते में ही हमने 'ईमूगा' का फॉर्म भर लिया था ताकि एयरपोर्ट पर दिक्कत न हो। रात की उड़ान और दिन भर की थकान, साढ़े छः घंटे के सफ़र का सोते हुए कुछ पता न चला। मालदीव की यह अविस्मरणीय यात्रा आँखों में संजोकर हमने भारी पलकों को बंद कर लिया। अब आपको भी मालदीव्स के फ्लोरा की सुगंध के हाथों में सौंप जाती हूँ।

Maldives

प्राचीन पिरामिड का अर्वाचीन अनुभव : काहिरा, मिस्र

विश्व के सात आश्चर्यों में से एक, प्राचीनतम धरोहर, सर्वप्रसिद्ध गीज़ा के महान पिरामिड देखना किस भ्रमण-प्रेमी की इच्छा-सूची में शामिल न होगा भला! इसी इच्छा-शक्ति ने हमें इजिप्ट (मिस्र) देश की राजधानी 'काइरो' घूम आने को विवश किया। दिसम्बर का महीना, क्रिसमस की छुट्टियाँ, पूरा लाभ उठाते हुए फटाफट से पहले 'एयर अरेबिया' उड़ान की 2 टिकटें दुबई से काइरो की बुक करवाईं। फिर होटलों की छानबीन शुरु की। इच्छा थी कि ऐसा होटल हो कि वहाँ से पिरामिड दिखते हों। खोज करने पर ऐसे दिखे भी किंतु उनके आसमान छूते किराए देखकर ऐसी इच्छाओं का त्याग करने में ही भलाई समझी। कार्यक्रम कुछ इतनी देर से भी बना कि वीसा की चिंता सताने लगी। अंतर्जाल पर हर जगह यही पता लगा कि वीसा 25 अमरीकी डॉलर का आता है। वीसा ऑनलाइन आवेदन भरने में जाने कहाँ चूक हुई कि दो वीसा के 165 अमरीकी डॉलर भरने पड़े। हमने 'सिंगल एंट्री' के वीसा का आवेदन किया था जो तीन महीने के लिए वैध होता है किंतु शायद अधिक पैसा वसूलने के कारण वीसा देने वालों को कुछ लाज आई होगी और उन्होंने हम दो में से एक को छ: माह का 'मल्टिपल एंट्री' वीसा देकर खुश करने की कोशिश की। जब जानकारी मिली तो यह बात और भी क्षुब्ध कर गई कि यू.ए.ई. निवासियों के लिए 'वीसा ऑन अराइवल' की सुविधा भी है। यह भी विचित्र ही था

कि 'काइरो अंतरराष्ट्रीय हवाई अड्डे' पर ऐसा कोई काउंटर या खिड़की दिखी नहीं जहाँ इस हवाई-अड्डे पर उतरने वालों को तुरत-फुरत वीसा दिया जाता हो, तो फिर से दिल ने मान लिया कि जो हुआ सो ठीक ही हुआ।

पहला दिन : मिस्र की राजधानी 'काहिरा' के 'हीलियोपोलिस' नामक स्थान पर बने अंतरराष्ट्रीय हवाई अड्डे पर हम लगभग पौने चार घंटे में उतरे। हवाई अड्डा अधिक आधुनिक न था, कतिपय साधारण तरीके का था। इमिग्रेशन की औपचारिकताएँ भी जल्द ही पूरी हुईं और अपना सामान लेकर बाहर निकल आए। हवाई अड्डे की सीमा से बाहर कदम रखने से पूर्व ही हमने पहले से ही बुक कराई हुई कार वहीं मँगवाई। कार आने तक हम सिम लेने के लिए किओस्क पर गए। 'एतिसलात' जो कि यू.ए.ई. में भी संचार सेवाएँ देता है, यहाँ भी दिखा। जाना-माना होने के कारण हमने एतिसलात को ही चुना। इसी समय हमारा ध्यान इस ओर भी गया कि अरबी बोलने वाले इस देश में भी दूरभाष और चलभाष सेवाओं के लिए एतिसलात नाम चुना गया क्योंकि इसका अंग्रेज़ी अर्थ कम्युनिकेशंस और हिंदी अर्थ संचार है। हमने 2 सिम लिए। दो सिम लेने से सुविधा होती है कि एक मोबाइल पर गूगल मैप लगा हो तो दूसरे पर उस स्थान की जानकारी खँगालना सरल हो जाता है अन्यथा हॉटस्पॉट आदि से बैटरी ड्रेन की समस्या आने लगती है। 300 इजिप्शियन पौंड (दिरहम 25) प्रति सिम में एक माह की वैधता व 12 जी.बी. डेटा मिल गया तो और क्या चाहिए एक घुमंतू को। कार आने पर उसकी जाँच-पड़ताल और कागजी कार्यवाही पूरी कर हम होटल की ओर रवाना हुए।

होटल पहुँचने पर पता चला कि यह होटल कुछ दिनों से केवल इजिप्शियन के लिए कर दिया गया है तो बहुत क्षोभ हुआ कि फिर उन्होंने हमारी बुकिंग कंफर्म ही क्यों की थी। फिर होटल मैनेजर ने हमारी दुविधा का समाधान खोजते हुए अतिरिक्त पैसे देकर हमें वहाँ रुकने की अनुमति दे दी और हमें देश के चरित्र के अनुमान का पहला सिरा मिल गया। मैं और पतिदेव एक-दूसरे को देख मुस्कराए। हमारे नुकसान की भरपाई करते हुए जो कमरा हमें दिया गया वह काफ़ी बड़ा और सुविधाजनक था। खिड़की सड़क की ओर और बाल्कनी गार्डन की ओर खुलती थी। इसमें दो

डबलबैड के अतिरिक्त सोफ़ा-कम-बैड भी था। कहने का तात्पर्य है कि कमरा 5 सदस्यों वाले परिवार के लिए था।

इस दिन, मात्र शाम ही अपने हाथ में बची थी सो **गीज़ा पिरामिड** के रात्रि-प्रकाश दर्शन का ख्याल आया। होटल पिरामिड दर्शन वाला नहीं था पर बहुत दूर भी न था तो हम गाड़ी लेकर पिरामिड की ओर निकल लिए। मन में विश्वप्रसिद्ध पिरामिड को देखने का बहुत उल्लास था। गाड़ी पार्किंग में खड़ी की तो एक व्यक्ति ने स्वयं को पार्किंग का केयरटेकर बताया और पार्किंग फीस माँगी। उसे हमने कुछ पौंड दिए जबकि हमें बताया गया था कि पार्किंग की कोई फीस वहाँ नहीं लगती है। टिकट खिड़की बंद थी। कई स्थानीय लोग हमें ताँगे से रात की रोशनी दिखाने को पटाने लगे। हमने 600 इजिप्शियन पौंड में 2 घंटे की सवारी तय की और ताँगे में सवार हो गए। ताँगा गीज़ा कॉम्प्लेक्स की बाहरी दीवार के साथ-साथ चलने लगा। लगभग 5-6 किलोमीटर ताँगे में सफ़र किया। हमें कॉम्प्लेक्स के ठीक पीछे तक ले जाकर रेत के टिब्बों पर उतारा गया। लगभग 80-90 फीट ऊँचे एक टिब्बे पर चढ़कर हमने रात्रि-प्रकाश का नज़ारा लिया। यह स्थिर प्रकाश था। रंगीन थिरकती, रूप बदलती रोशनियों की कल्पना करना यहाँ बेमानी था।

ताँगे वाले ने हमें 9 पिरामिड दिखाए, हम बहुत कोशिश कर के भी 3 ही देख पाए। जैसा कि हर ऊँची इमारत के साथ तस्वीरें ली जाती हैं, उसके शिखर को अपनी उँगलियों से पकड़ते हुए, उससे ऊँचे उछलते हुए, उस पर कमर टिकाकर आराम करते हुए, ये सब नाटक हमने किए। हम न भी लेना चाहते तो भी ताँगाचालक हमसे ज़िद कर के हमारी तस्वीरें लेने लगता था। उसे उम्मीद थी कि उसकी सेवा से खुश होकर उसे कुछ इनाम अवश्य मिलेगा और हमने उसे निराश नहीं किया। टीले के दूसरी ओर काहिरा शहर रोशनी में लिपटा हुआ दिखाई दे रहा था। रुचिकर दृश्य बन पड़ा था। ठंड बहुत थी, ऊँचाई पर हवा, बदन को चीरकर घुसी चली जाती थी। हम कैमरे में दृश्यों को ठहरा लेने का काम होते ही टीले से नीचे उतरे। वहाँ लोगों की बदहाली को देखकर लगता नहीं था कि वे ईमानदार होंगे। परंतु ताँगे पर छूटा हुआ हमारा मोबाइल वह चालक लौटाने आया। वापस अपनी कार तक पहुँचने में जो

समय लगा उससे तथा इसका नक्शा समझ कर इसकी चारदीवारी का लगभग 25 किलोमीटर लम्बी होने का अनुमान हमने लगाया।

गीज़ा पिरामिड कॉम्प्लेक्स, जिसे 'गीज़ा नेक्रोपोलिस' भी कहते हैं, यूनेस्को की विश्व धरोहर स्थलों में से एक है। यह अरब दुनिया के मशहूर 'सहारा मरुस्थल' की पश्चिमी दिशा में नील नदी से 13 किलोमीटर दूरी पर आता है। यह पथरीले पठारी क्षेत्र में बना हुआ है। दुनिया के महानतम और प्राचीनतम सात आश्चर्यों में से सबसे प्रसिद्ध यह एक ही ऐसा अजूबा है जो अभी तक अपने मूल रूप में मौजूद है। इसमें बने कुल 9 पिरामिडों में से तीन मुख्य पिरामिड; खुफ़ु, खाफ़रे और मेन्कोरे की ऊँचाई कई सदियों तक विश्व में सबसे ऊँची मानी जाती रही। इनका विशाल आकार और अविश्वसनीय कौशल सहस्रों वर्षों से पर्यटकों को अचम्भित करता आ रहा है। और अधिक हैरानी इनके औचित्य को लेकर होती है जब यह पता चलता है कि ये एक प्रकार से शाही मृतकों की समाधि के लिए आज से लगभग 5000 वर्ष पूर्व बनाए गए थे। प्राचीन मिस्र के चतुर्थ राजवंश के राज्यकाल में इनका निर्माण हुआ था।

इनमें से सबसे बड़ा पिरामिड 'खुफ़ु' को ही 'द ग्रेट पिरामिड' के नाम से जाना जाता है। इसमें फ़ैरोस 'कीओप्स' की ममी है। दूसरे नम्बर पर 'खाफ़रे' है जिसमें कीओप्स

के पुत्र 'कैफ्रेन' की ममी है और तीसरे नम्बर पर 'मेन्कोरे' का पिरामिड है जिसमें कीओप्स के पौत्र 'मिकरईनस' की ममी है। अन्य 6 छोटे पिरामिडों में से तीन खुफ़ु के पास और तीन मेन्कोरे के पास बने हैं। ये रानियों व अन्य शाही लोगों की समाधियाँ हैं।

पिरामिड देखकर हमने एक दुकान से मिनरल पानी खरीदा जो कि दुबई के मुकाबले काफ़ी सस्ता था। वहाँ से कुछ कम रोशनी वाली गलियों से निकलते हुए हम अपनी कार तक पहुँचे। पिरामिड के आस-पास ऐसी बस्तियाँ होंगी यह कल्पना में था ही नहीं किंतु जब हमने अपने ताजमहल के आस-पास के बारे में याद किया तो बहुत कुछ सामान्य लगने लगा था। होटल वापस आकर देखा कि होटल के भूमितल पर जो बगीचा बना हुआ था उसमें रात को बहुत सजावट थी। कोई विवाहोत्सव चल रहा था शायद। जैसे कि हम शादी के बाद रिसेप्शन देते हैं, कुछ ऐसा ही। दूल्हा और दुल्हन चमकीले लिबास में सजे हुए थे और खान-पान की पार्टी, गीत-संगीत, उन पर थिरकने वाले युवा, सब कुछ तो अपना-सा ही लग रहा था। हम काफ़ी देर तक यह अपने कमरे की बाल्कनी से देखते रहे। यहाँ की ठंड से सामंजस्य बिठाने की कोशिश में यह रात निकली।

दूसरा दिन : कार बुक कराते समय हमने सोचा न था कि यहाँ की ड्राइविंग की आदतें इतनी खराब होंगी। कुछ दुबई में निवास करने के कारण ऐसी बदहवास ड्राइविंग के बीच रहने की आदत न रह गई थी। दुबई और पूरे यू.ए.ई. में भी बहुत से मिस्री लोग काम करते हैं। फ्रेंच और अरबी भाषा पढ़ाने वाले, विद्यालय के मिस्री नागरिकताधारी विभागाध्यक्षों से मैंने देश के बारे में काफ़ी जानकारी पहले ही ले ली थी और उन्होंने हमें यहाँ ड्राइविंग न करने के लिए चेताया भी था किंतु हमें विदेशों में कार स्वयं चलाकर नई-नई जगहों की छानबीन करने का शौक था तो यह तो अब झेलना ही था। आज का पहला पड़ाव **'इजिप्शियन म्यूज़ियम'** बना।

नदी के बहते पानी के शाखाओं में बँटने और फिर मिल जाने से कई द्वीप या कि भौगोलिक शब्दावली में कहो तो 'डेल्टा प्रदेश' काहिरा में मौजूद हैं। दो पुल पार

कर हम उस मशहूर 'काइरो टॉवर' वाले द्वीप 'ज़मलक' तथा उसे भी पार कर 'एल तहरीर' स्थान पर पहुँचे। पुल ऐसे खूबसूरत बने हुए हैं जैसे कि हमने फ्रांस में देखे थे। ज़ाहिर ही था कि इन्हें फ्रांस आधिपत्य के समय में बनाया गया होगा। इस पुल का नाम 'क़स्र-एल-नील' है। नील नदी को पार करने के काइरो में बनाया गया यह पहला पुल है। दोनों ओर से पुल के आरंभ होते ही उसके दाएँ-बाएँ काँसे के स्तम्भों के आगे दो-दो शेर की मूर्तियाँ और उसके पीछे दो मीनारें बनीं हैं जो मिस्र और फ्रांस के स्थापत्य-संगम का बेजोड़ उदाहरण बन आती हैं। हम जल्द ही म्यूज़ियम पहुँच गए। आशा के विपरीत वहाँ बहुत भीड़ व लम्बी लाइन प्रवेश के लिए लगी हुई थी। बस की बसें भरकर वहाँ आ रहीं थीं। सिक्योरिटी चेक के बाद टिकट काउंटर था। वहाँ किसी ने बताया कि टिकट काउंटर के पास लगे क्यू-आर कोड को स्कैन कर ऑनलाइन टिकट ली जा सकती है। हमने वही किया। एक गाइड भी साथ में किया जिसने सब विस्तार से समझाया।

चौदह हज़ार वर्ग मीटर में फैला हुआ, दो तल पर बना हुआ यह बहुत भव्य पुरातात्त्विक संग्रहालय है। काइरो केंद्र में स्थापित, यह मध्य पूर्व एशिया में सबसे बड़ा ऐसा स्थान है जहाँ इतनी भारी मात्रा में फ़ैरोस संबंधी शानदार, अनमोल और उत्कृष्ट कलाकृतियाँ व सामग्रियाँ प्रदर्शित हैं। संग्रहालय में गीज़ा के पिरामिड के निर्माता- राजा खुफ़ु, खाफ़रे और मेन्कोरे की विशाल मूर्तियाँ विराजमान हैं। राजवंशों के पूर्व से लेकर ग्रीक-रोमन तक के मिस्र के इतिहास का यह संग्रहालय जीता-जागता दस्तावेज है।

वैसे किसी भी देश के संग्रहालय, वहाँ की संस्कृति और सभ्यता को समझने में सबसे अधिक सहायक होते हैं किंतु यह इन अतिरिक्त अर्थों में भी महत्त्वपूर्ण था कि पिरामिडों से निकालकर अंततः 'ममी' को यहीं रखा गया है। यह संग्रहालय विभिन्न प्रकार की मूर्तियों का जंगल तो था ही, ममीकरण के सारे उपकरण भी वहाँ सँभाले गए थे। इन उपकरणों पर प्राचीन मिस्र के देवी-देवताओं और मान्यताओं के चित्र व चिह्न अंकित थे। एक विशालकाय सिलनुमा पत्थर दिखाकर गाइड ने हमें बताया कि ममी बनाने से पहले मृत शरीर को यहाँ रखकर, उसमें चीरा लगाकर

उसका खून रिसने के लिए रखा जाता है। उस पवित्र रक्त को एक मर्तबान में एकत्र किया जाता है क्योंकि राजाओं को सूर्यदेव 'रा' का पुत्र माना जाता है अत: किसी भी गलती से उसे नाली में नहीं बहाया जा सकता या अन्य किसी पदार्थ में मिलने देकर दूषित नहीं होने दिया जा सकता, न ही धरती पर गिरने दिया जा सकता है। कदाचित राजाओं को पिरामिड बनाकर दफ़नाने के पीछे भी यही कारण हो।

अन्य सभी आंतरिक अंगों को भी निकालकर अलग-अलग मर्तबान में प्रिसर्व किया जाता है। फिर पूरे शरीर पर विशेष प्रकार का तेल और मसाला लगाकर उसकी ममी बनाकर उसे भी संरक्षित किया जाता है। फिर उसे, उसके लिए बनी विशेष पेटिका में रखा जाता है। यह पेटिका कई ताबूतों की परत होती है। अर्थात् एक ताबूत का ढक्कन खोलने पर उसमें से एक और ताबूत निकलता है, फिर एक और, फिर एक और। जिस राजा के जितने अधिक ताबूत, उतनी अधिक प्रतिष्ठा, या फिर इसका उलटा यानी ये दोनों बातें ही सीधे आनुपातिक हैं। तूतनखामुन के आठ ताबूत हैं। प्रत्येक ताबूत पर उसके मालिक राजा की आकृति और विशेष राजसी निशान अंकित होते हैं। एक व्यक्ति के प्रत्येक ताबूत का आलेखन, रंग-रोगन, सम्पूर्ण प्रस्तुति एक जैसी होती है। उनके आकार में ही अंतर होता जाता है। आकार के अनुरूप ही उस पर हुई पच्चीकारी और शिल्पकारी की आकृतियाँ छोटी होती जाती हैं।

इन अद्वितीय संग्रहों में से अनन्य व अन्यत्र अनुपलब्ध, गाइड ने दो असली ममी हमें दिखाईं जो कि रानी 'टीये' के माता-पिता 'यूवा और थूया' की थीं। उनके बाल सन की रस्सी जैसे सुनहरे व त्वचा झुलसी हुई व कालिमा लिए हुए थी। गाइड ने हमारी जिज्ञासा जगाने के लिए इसका कारण हमसे पूछा और हमने सही अनुमान लगा कर उसे बता दिया कि यह ऐसे ही है जैसे अचार खराब नहीं होता किंतु कच्चे आम के रंग को एक समय बाद गहरा कर देता है। एक और अजीब बात वहाँ दिखी कि दस-बीस फुट ऊँची 'फ़ैरोहों' की प्रतिमाओं की भी नाक तोड़ी गई थी। इसके लिए गाइड ने हमें बताया कि मिस्र में ऐसा माना जाता है कि नाक अपभ्रंश करने का यह दुस्साहस लुटेरों और घुसपैठियों ने किया जिन्होंने इन राजाओं के साथ दफ़नाए गए धन को लूटा। नाक के रास्ते आत्मा पुन: पुतलों में प्रवेश कर फ़ैरोहों को जीवित कर सकती है, जिसके कारण उनकी नाक तोड़कर इस खतरे को उन्होंने समाप्त कर

दिया।

गाइड हमें एक सिरे से सब दिखाता-समझाता हुआ अंत में तूतनखामुन के संग्रह-कक्ष तक ले गया। वहाँ उसके सिंहासन, अति सुंदर वस्त्र तथा शीश-पट्ट (हेडगीयर) अथवा मुखौटे सजे थे, जिसमें से अधिकांश शुद्ध सोने से बने हुए थे। तूतनखामुन के स्वर्ण से भरे हुए कक्ष धरती में बहुत समय से दबे हुए थे, जो एक गडरिए को लगभग एक शताब्दी पूर्व अचानक मिले, जब उसकी भेड़ एक गड्ढे में गिर गई। वह बहुत बहादुर राजाओं में गिना जाता है जबकि 18 वर्ष की आयु में उसकी मृत्यु हो गई थी। उसका शासन काल 1336 से 1327 ईसा पूर्व का था।

तूतनखामुन की समाधि की खोज 1922 में 'वैली ऑफ़ द किंग्स' लक्सर में की गई थी, जो उनकी मृत्यु और दफनाए जाने के 3300 वर्ष से भी अधिक समय बाद हुआ। जहाँ अधिकांश फ़ैरोहों की कब्रें प्राचीन काल में लुटेरों द्वारा लूट ली गई थीं, वहीं तूतनखामुन की समाधि लंबे समय तक मलबे के नीचे छिपी रही और इसलिए व्यापक रूप से लूटी नहीं गई। इस कारण यह प्राचीन मिस्र की लगभग अक्षुण्ण व संपूर्ण शाही समाधि के रूप में जानी जाती है।

यह समाधि हॉवॉर्ड कार्टर और उनके संरक्षक जॉर्ज हर्बर्ट द्वारा की गई खुदाई के दौरान खोली गई। इस दफ़न में पाँच हज़ार से अधिक वस्तुएँ थीं, जिनमें से कई अत्यंत नाज़ुक अवस्था में थीं, इसलिए उन्हें सुरक्षित निकालने के लिए अभूतपूर्व प्रयास करना पड़ा। इन वस्तुओं की भव्यता ने मीडिया में सनसनी फैला दी और पश्चिमी दुनिया में प्राचीन मिस्री शैली से प्रेरित डिज़ाइनों को लोकप्रिय बना दिया।

मिस्रवासियों के लिए, जो हाल ही में ब्रिटिश शासन से आंशिक रूप से स्वतंत्र हुए थे, यह समाधि राष्ट्रीय गौरव का प्रतीक बन गई। इसने 'फ़ैरोवाद' नामक राष्ट्रवादी विचारधारा को मजबूत किया, जो आधुनिक मिस्र के प्राचीन सभ्यता से संबंध पर ज़ोर देती थी। इससे मिस्रियों तथा ब्रिटिश-नेतृत्व वाली खुदाई टीम के बीच तनाव भी पैदा हुआ। खुदाई के दौरान जॉर्ज हर्बर्ट की एक संक्रमण से मृत्यु हो गई, जिससे यह अटकलें लगने लगीं कि उनकी मृत्यु और अन्य दुर्भाग्यपूर्ण घटनाएँ किसी प्राचीन श्राप का परिणाम हैं।

इस घटना के बाद, समाधि पर नियंत्रण को लेकर कार्टर और मिस्र सरकार के बीच विवाद उत्पन्न हो गया। 1924 की शुरुआत में कार्टर ने विरोध स्वरूप काम बंद कर दिया, और यह विवाद वर्ष के अंत तक चला। अंततः हुए समझौते के अनुसार, समाधि से प्राप्त वस्तुओं को सरकार और खुदाई प्रायोजकों के बीच बाँटा नहीं गया, जैसा कि पहले प्रचलन था, और अधिकांश वस्तुएँ काहिरा के इसी इजिप्शियन म्यूज़ियम में रखी गई। तूतनखामुन की ममी को उसके ताबूत से निकालने में तीन वर्ष लगे तथा अन्य छ:-सात वर्षों में सभी वस्तुओं को संरक्षित कर काहिरा भेज दिया गया।

इस खोज से तूतनखामुन के काल के इतिहास के बारे में उतनी जानकारी नहीं मिल सकी, जितनी प्रारंभ में मिस्रविदों ने आशा की थी, लेकिन इससे उनके शासनकाल की अवधि का निर्धारण हुआ और 'अमरना काल' के अंत के बारे में संकेत मिले। अमरना काल 18वें राजवंश के अंत का समय था जिसे 1353-1322 ईसा पूर्व का माना जाता है। इसमें राजा आखेनातेन, नेफ़र्नेफ़्रुतेन, स्मेन्खकारे तथा तूतनखामुन के शासनकाल आते हैं।

यह खोज उस समय की भौतिक संस्कृति के बारे में अधिक जानकारी देती है, जिससे पता चलता है कि एक पूर्ण शाही अंत्येष्टि कैसी होती थी और धनी मिस्रवासियों की जीवनशैली तथा प्राचीन कब्र लुटेरों के व्यवहार के बारे में भी प्रमाण मिलते हैं। इस खोज से उत्पन्न रुचि ने मिस्र में मिस्रविद्या के प्रशिक्षण को भी बढ़ावा दिया। तब से मिस्र सरकार ने इस खोज की प्रसिद्धि का उपयोग धन-संग्रह और कूटनीति के लिए किया है जिससे तूतनखामुन स्वयं प्राचीन मिस्र का एक प्रमुख प्रतीक बन गए हैं।

मिस्र के राजाओं के सिर से छाती तक के जो मुखौटे मिस्र की संस्कृति में जाने जाते हैं, उनको धारण करने का कारण गाइड ने बताया कि राजा की वास्तविक पहचान आम जनता से छुपी रखने के लिए तथा सुरक्षा सुनिश्चित करने के लिए सार्वजनिक स्थानों पर उसे सदा विशाल मुखौटों के पीछे रखा जाता था। आम जनता कभी उसे

उसके वास्तविक रूप में पहचान नहीं सकती थी। विशाल आकार, कठोर मुखाकृति तथा शक्तिशाली वेश होने के कारण जनता में राजा का रौब-दाब बना रहता था। इस संग्रहालय में मिली सभी जानकारियाँ हमने बहुत आश्चर्यजनक व सनसनीखेज पाईं। यहीं हमें प्राचीन काल के देवी देवताओं 'रा' व 'रे' के बारे में विस्तृत जानकारी मिली तथा 'ओसिरिस', 'आइसिस', 'होरस', 'सेथ', 'पटाह', 'हैथर', 'अनुबिस', 'थोथ', 'बास्टेत', 'एमन' के बारे में जानकर ठोस रूप से समझा कि एक समय में यहाँ मूर्ति पूजा का प्रचलन था।

हमने पहले से खोजकर भारतीय भोजनालयों की एक सूची बनाई थी जिसके अनुसार उस क्षेत्र में एक होना चाहिए था। हमने बहुत तलाश की उस रेस्टोरेंट की, पर वह कहीं नहीं मिला। हमने स्वजन्य तर्क लगाया और मान लिया कि कोरोना काल में बंद हो गया होगा। एक तंदूर वाली कंफेक्शनरी दुकान से ताज़ा मनाकेश खाया। थोड़ा आस-पास बाज़ार घूमे। वापस पार्किंग में आए। वहाँ औरतें भी लिफ़्ट-मेन का काम कर रही थीं यह देख अच्छा लगा। वहाँ की भूमिगत पार्किंग अधिकर महिलाओं द्वारा संचालित थी। पार्किंग में रास्ता बताने वाली और लिफ़्ट वाली दोनों ही भली औरतें थीं। उन्होंने हमारी बहुत मदद की। वे अंग्रेज़ी नहीं जानती थीं फिर भी इशारे से हमें रास्ता दिखाने को वे तत्पर थीं। हमने अपनी पूरी अरबी की जानकारी, जितनी भी हमें आती थी, वहाँ इस्तेमाल कर डाली। इस स्थान पर हमें कई ऐसे लोग मिले जो स्वयं को अंग्रेज़ी अध्यापक बताकर आपके गाइड बनने का आग्रह करते हैं। यह वहाँ काम माँगने या चार पैसे कमाने का तरीका समझ आया हमें।

म्यूज़ियम के बाहरी दीवार और म्यूज़ियम के बीच खुले अहाते में बहुत रमणीय पार्क बना हुआ है। चारों ओर भी बहुत सुंदर स्थान हैं। यह एक द्वीप पर बना है आस-पास बड़े-बड़े पाँच सितारा होटल हैं क्योंकि यह संग्रहालय यहाँ की सभ्यता का मुख्य स्थान व प्रमुख पहचान है। संग्रहालय के बाहर कागज जैसी पतली लकड़ी की शीट पर मिस्री सभ्यता की चित्रकारी वाले 5 चित्र खरीदे जो शायद 100 ईजी.पी. के 5 थे। हमें ये बहुत वाजिब दाम लगे।

इसी म्यूज़ियम के पास गोल चक्कर पर 'क्लियोपाट्रा नीडल' बनी है। यह गोल

चक्कर भी ऐतिहासिक महत्त्व का स्वामी है। इसे 'एल तहरीर स्क्वैयर' कहते हैं। समय-समय पर हुए विद्रोहों और विरोध प्रदर्शनों का यह गवाह रहा है। फिलहाल यह खुद भी खुशनुमा था और इसमें बहते झरने मौसम को खुशगवार बना रहे थे। यह विश्व प्रसिद्ध 'क्लियोपाट्रा नीडल' के जैसा ओबेलिस्क यानि स्मारक-स्तंभ है जो कि वर्गाकार किनारों वाला और उसकी परिधि ऊपर तक जाते हुए लगातार कम होती हुई जाती है, एक मोनुमेंट जैसा चौरस खंभा है। इसके बीच की सुई के इर्दगिर्द चार स्फ़िंक्स हैं। जानवर द्वारा 'फ़ैरोह' की सुरक्षा करते हुए स्फ़िंक्स मूर्तियाँ बनी है। जानवर स्पष्ट नहीं हैं। शरीर शेर का, बकरी का-सा मुँह और सींग भेड़ के..., ये स्फ़िंक्स, गीज़ा के वृहत स्फ़िंक्स से कुछ-कुछ भिन्न थे।

शाम को हम नील नदी पर तैरते 'एंड्रिया' क्रूस जहाज़ पर थे। इसकी बुकिंग हमने ऑनलाइन ही करा ली थी। वैसे उसी दाम में सीधा वहाँ पहुँचकर भी क्रूस पर सवार हुआ जा सकता था। 'फैरोस' की मूर्तियाँ और विशुद्ध मिस्री रीति से सजा हुआ यह चार तल वाला एक बड़ा जहाज़ था। इसमें मुख्य तल पर मनोरंजन व आहार की व्यवस्था थी। यहाँ हमें ढेरों विविध शाकाहारी व्यंजन मिल गए। उपलब्ध सेवाओं, भोजन और पैसे की कीमत देखते हुए यह क्रूस हमें दुबई में चलने वाले क्रूस से बहुत बेहतर लगा।

लगातार जीवंत गायन तथा नृत्य ने 3 घंटे कहाँ बिता दिए, पता न चला। गायकों के साथ गुनगुनाने की योग्यता तो न थी पर हमने उनके साथ बैले नृत्य वाले ठुमके अवश्य लगा लिए। जीवंत गायन के साथ 'दरबूका' ड्रम भी था जो मिस्री परंपरागत लकड़ी टुकड़ों के मोज़ेक से बना था। यह मुझे बहुत भाया तो इसका चित्र निकालने का मोह मैं संवरण न कर सकी।

क्रूस से उतर कर हम नील नदी के किनारे टहलने लगे और 'मनस्टर्ली' पुल तक पहुँचे जो बहुत सुरुचिपूर्ण सजा हुआ था। यह नील नदी की पतली धारा को पार कर 'मनियल' द्वीप पर पहुँचने के लिए बनाया गया था। मिस्री हस्तशिल्प की झलक इसकी बनावट में थी जो बहुत आकर्षक थी। बहुत से लोग उसके मुख्य खाँचे के नीचे तस्वीरें उतरवा रहे थे। बहुत इंतज़ार करने पर भी जगह खाली न मिली। उस पुल से नील नदी की धारा और दोनों ओर की जगमगाहट बहुत मोहक थी। नदी के किनारे और समानांतर सड़क के बीच लम्बी हरित पट्टी थी जिसकी चौड़ाई से उसे पार्क भी कहा जा सकता है। क्रिसमस व नववर्ष के स्वागत में वहाँ खूब सजावट व रौनक थी। कई जगह फोटो फ्रेम मौजूद थे, जिनके साथ अपनी तस्वीरें ली जा सकती थीं और हमने लीं भी। आज के दिन के लिए इतना काफ़ी था जिसे मस्तिष्क में संजोकर हमने इस दिन की खोजों का खाता बंद किया।

तीसरा दिन : आज का दिन मिस्र के विश्व प्रसिद्ध पिरामिड देखने का था। यहाँ अधिक महँगाई नहीं है। सुविधाएँ सही कीमत में ही हैं। सभी दर्शनीय स्थलों पर चारों ओर से घेरकर गाइड लोग पीछे पड़ जाते हैं और कुछ फैसला करने ही नहीं देते। कीमत के ऊपर बख्शीश की बहुत ज़्यादा उम्मीद रखते हैं। इस स्थान पर गाइड अति आवश्यक था सो पहुँचते ही पहले गाइड से मोलभाव किया। उसने स्वयं लाइन में लग हमारे लिए टिकट का प्रबंध किया। पिरामिड बहुत बड़े थे, उम्मीद से ज़्यादा और मुख्य द्वार से काफ़ी दूर थे। यह क्षेत्र पुरातत्व विभाग द्वारा संरक्षित है। टिकट 540 ईजी.पी. की प्रति व्यक्ति की दर से है। प्रत्येक पिरामिड के अंदर जाने की टिकट अलग से है जो कि उसके मूल्य से बहुत अधिक कीमत की है। हमने यहाँ घोड़ा गाड़ी कर ली ताकि हम पिरामिड के उस ओर पैनोरमा तक जा सकें जहाँ वे 9 पिरामिड दिखाने का दावा करते हैं। कार से भी वहाँ तक पहुँचने का मार्ग था जो हमें बाद में पता चला। मगर हमें अफसोस नहीं हुआ। मौसम अच्छा था, हालाँकि सूरज सिर पर हथौड़े बरसा रहा था, फिर भी ठंडी हवा के कारण ताँगे में घूमना सुहा रहा था। पैनोरमा वाले स्थान पर काफ़ी चहल-पहल थी। 6 पिरामिड तो साफ़ ही दिख रहे थे और अन्य 3 का अनुमान भी लग रहा था। ऊँट की सवारी का भी इंतज़ाम था। वहाँ स्मृति-चिह्न खरीदने की भी सुविधा थी। कई नाटकीय अंदाज़ में तस्वीरें ली गईं।

पिरामिडों के इस देश में गीज़ा में मुख्य, 'द ग्रेट पिरामिड' यानि खुफ़ु को 'कीओप्स', खाफ़रे को 'मिकरईनस' तथा मेन्कोरे को 'कैफ्रेन' स्थानीय भाषा में कहा जाता है। ये तीनों मिस्री शासक रहे हैं। शासकों को ही 'फैरोस' कहा जाता है, जिसका अर्थ होता है- विशाल स्थान (ग्रेट हाउस)। फैरोस राज्य के प्रधान होने के अलावा धार्मिक नेतृत्व भी करते थे। राजा के रहने के स्थान को फैरोस कहते-कहते यह राजाओं के लिए नया जातिवाचक संज्ञा बनकर रूढ़ हो गया।

गीज़ा के पिरामिड क्षेत्र के अंदर ही 'द किंग खुफ़ु सेंटर' भी बना हुआ है जिसका निर्माण आधुनिक शोभा के डिज़ाइन पर है किंतु रंग गुलाबी रेत और पिरामिड से मेल खाता हुआ ही है। ताँगे में ही घूमते हुए हम 'खुफ़ु' पिरामिड के पास गए और देखा कि यह न केवल स्वयं ही बहुत बड़ा है, कितने बड़े-बड़े पत्थरों से इसे बनाया गया है। हैरानी की बात थी कि 5000 वर्ष पूर्व किस औजार से इतने बड़े पत्थरों को काटा गया होगा और किस मशीन से इन्हें ऊपर चढ़ाया गया होगा, वह भी 481 फुट ऊँचाई तक। एक-एक पत्थर छ: फुट ऊँचा व 12 फुट चौड़ा रहा होगा।

असल में जिस पिरामिड के पास से गुज़रते थे वही बाकियों से बड़ा लगने लगता

था। सभी पिरामिड इतने विशाल और बड़े क्षेत्र में फैले हुए हैं कि एक फ्रेम में उनकी तस्वीर लेना लगभग असंभव है।

इसके बाद हम स्फ़िंक्स कॉम्प्लेक्स में गए। वहाँ तो अच्छा-खासा स्थानीय कलाकृतियों का बाज़ार लगा था। प्यास से बेहाल हमने पानी पीया। स्फ़िंक्स को दूर से ही देखा जा सकता था। वह एक विशालकाय शेर है जिसका मुख एक मनुष्य का है, जिसने शाही शीश परिधान भी धारण किया हुआ है। इसे राजा खुफ़ु या खाफ़रे में से किसी एक का माना जाता है। इसका निर्माण किसने करवाया यह अभी तक तय नहीं हो सका है। इस प्रकार की निर्मिति का कारण आज भी सदियों पुरानी रहस्य की परतों में दबा हुआ है। इस स्फ़िंक्स की लम्बाई 73 मीटर और ऊँचाई 20 मीटर है। इसके चारों ओर बहुत गहरा गड्ढा किया गया है ताकि कोई उसके पास जाकर उसे नुकसान न पहुँचा सके। वहाँ भी बहुत से विचित्र प्रकार की तस्वीरों के अवसर थे। बहुत से अन्य लोगों की तस्वीरें निकालने में हमने उनकी मदद की।

स्फ़िंक्स के पास ही बना हुआ 'वैली टैम्पल' भी देखा। मंदिर की जो हमारी अवधारणा है इसमें ऐसा नहीं था। इसमें कुछ खंभे और कुछ कमरे थे। यह टैम्पल खास तौर पर राजा खाफ़रे की देह की ममी बनाने के लिए बनाया गया था। राजाओं को देवताओं के पुत्र मानने के कारण ही इस स्थान को मंदिर जैसा माना गया। इसके

लिए प्रवेश द्वार और निकास द्वार अलग-अलग थे। यहाँ काफी घूमना हुआ तो हम बहुत थक गए थे। हमने होटल में कुछ देर विश्राम किया।

यह क्रिसमस का दिन था। शाम को हमने **'द हैंगिंग चर्च'** देखने का मन बनाया। वहाँ पहुँचे तो वह बंद निकला। मालूम हुआ कि शाम को 5 बजे वह बंद कर दिया जाता है। 'सेंट सर्जियस' व 'बेक्कस' भी बंद मिला। उनके कम्पाउंड तक में दाखिले की अनुमति न मिली कि बाहर से ही देखा जा सके। हमारी सूची में जो था, वह पास का क्षेत्र खंगाला और **'सूक-एल-फुस्तात'** देखा। यह अंदर ही अंदर गलियों में बना हुआ काफी बड़ा बाज़ार था। इसमें हाथ से बनी वस्तुएँ, कलाकृतियाँ, दरियाँ, लालटेन आदि लिए जा सकते थे।

काइरो में दो प्रकार के जीवन दिखे। दिन के अलग व शाम के अलग। दिन की गर्मी में आस-पास की बेहाली और शाम की ठंडक में विलासिता के अद्भुत दर्शन तापमान से जाने कैसे संगत कर बैठते थे। शामें नील नदी के किनारे जवान हो उठती थीं। नील के किनारे जीवन की छानबीन करने में सबसे अधिक आनंद आता था। इस बार हम 'फर्स्ट नाइल बोट' पर गए। यह होटल 'फ़ोर सीज़न्स' की ओर से और उसके सामने ही नदी में खड़ा एक स्थिर रेस्टोरेंट ही था। उसकी भीतरी बाहरी सजावट और छत पर बना गार्डन हमें अपने पास बुलाने लगे। वहाँ से नील के उस पार का काहिरा शहर बहुत सुंदर जगमगाते जुगनुओं-सा लगता था। हमने यहाँ की झागदार कॉफ़ी का लुत्फ उठाते हुए उन लम्हों को कैमरे में कैद कर लिया।

'द फर्स्ट मॉल' यहाँ की सर्वाधुनिक मॉल में से एक है। वह इस बोट से सामने ही दिख रही थी। यह भी 'फोर सीज़न्स' होटल का ही हिस्सा है और प्रीमियम ग्राहकों और धनी पर्यटकों को आकर्षित करती है। यहाँ अत्याधुनिक कैफ़े व महँगे रेस्टोरेंट थे। हमने टमाटर का सूप ऑर्डर किया। जिसके साथ ही उन्होंने नाना प्रकार के 'बन' और 'क्रोसाँ' भी परोसे। तब हमें वह इतना महँगा भी न लगा। हमारा वही विचार पुन: पुख्ता हुआ कि यहाँ उतनी महँगाई नहीं है। दुबई की तुलना में तो इसे खासा सस्ता भी कहा जा सकता था।

मॉल में मुख्य डोम के नीचे बहुत बड़ा क्रिसमस ट्री सजा था। बहुत-से जोड़े उसके साथ अपनी तस्वीरें ले रहे थे। इसकी सभी मंज़िलों का खूब निरीक्षण परीक्षण करते हुए हम छत पर बने स्वीमिंग पूल तक हो आए। शाम सुहानी निकली और पहले के स्थल बंद मिलने का मलाल जाता रहा।

कार की तरफ़ लौटते हुए एक और बहुत ही रम्य क्रूस पर हमारी निगाह पड़ी। उसके डॉकिंग स्टेशन पर तो मानो पूरा मिस्र सिमट आया था। फ़ैरोह हाथ में अस्त्र-शस्त्र ले स्वागत करते हुए, बीच में क्लियोपाट्रा नीडल, तरह-तरह के स्फ़िंक्स, खंडहर जैसी बनावट और एक ताल में तैरते, अठखेलियाँ करते हुए हंस और बतखें, लगता ही नहीं था कि हम उसी काइरो में हैं जहाँ दिन में विपन्नता भी दिखाई देती है।

दिनभर घूमने के बाद रात को विश्राम करने के हिसाब से होटल बहुत शानदार था। लेकिन उसमें नाश्ते के समय अपना ऑर्डर बताने में बड़ी मशक्कत करनी पड़ती थी। वे लोग अंग्रेज़ी न के बराबर ही जानते थे। समझाने पर 'हाँ' में सिर हिलाते रहते थे, पर अमल न करते और कुछ का कुछ बना लाते थे। उस समय बड़ी कोफ़्त होती थी जिसे आज सोचकर हँसी भी आती है। होटल के पास मैट्रो निर्माण के कारण दो तरफ़ के रास्ते बंद थे। दो दिन बाद हमने होटल बदलकर नील नदी के किनारे ले लिया।

चौथा दिन : काइरो को सहस्रों मीनारों का शहर कहा जाता है। इसी के दर्शन करने का इरादा था तो इस दिन सुबह सबसे पहले 'इस्लामिक काइरो' यानि 'सलह-अल-दीन सिटाडेल' देखने का कार्यक्रम बनाया।

यह 'मुकत्तम' नामक पहाड़ी पर काइरो के केंद्र में राजा 'अल मलिक एल कामेल' के समय में सुल्तान 'सलह-अल-दीन' द्वारा सुरक्षित किले के रूप में वर्ष 1182 में बनवाया गया तथा इसके निर्माण में 6 वर्षों का समय लगा। यह इतनी ऊँचाई पर बना है कि दूर से ही दिखाई दे रहा था पर इसके पास तक पहुँचने का रास्ता न मिलता था। वहाँ सड़कों का निर्माण कार्य चल रहा था जिसके चलते हम कई बार घूम गए। बड़ी मुश्किल से समझ आया कि किस ओर जाना है। पार्किंग में भी निर्माण कार्य के चलते कार बहुत दूर खड़ी कर आगे चढ़ाईदार रास्तों पर पैदल ही जाना था।

यह एक बड़ा किला है और बहुत बड़े क्षेत्र में बना है जिसके अहाते में बना पूरा इस्लामिक कॉम्प्लेक्स ही सिटाडेल कहलाता है। यह इतना बड़ा है कि एक दिन इसके देखने के लिए कम ही है। इसमें चार विभिन्न मस्ज़िदें, अलग-अलग नामधारी दस-बारह ऊँची मीनारें हैं। यह स्थान मिस्री जानकारी से भरपूर है। सबसे ऊँची मुख्य इमारत 'मुहम्मद अली मॉस्क' तुर्की नक्शे तथा स्थापत्य के अनुसार बनी है। इसके अंदर पीछे से प्रवेश दिया जाता है। इसके अंदर तस्वीर लेने की मनाही थी। पहने हुए

जूते-चप्पल के ऊपर प्लास्टिक के कवर पहनकर ही अंदर जा सकते थे। यह बहुत बड़े झूमर से सजी एक मस्जिद की तरह था। इस मस्जिद की सजावट बेहद खूबसूरत थी। छत और दीवारें पूरी इस्लामिक छाप छोड़ती थीं।

सिटाडेल की ऊँचाई के कारण इसके बाहर खुला आँगन एक छज्जे की तरह काम करता है जिसकी बाउंडरी पर खड़े होकर सामने पूरे शहर को देखा जा सकता है। इस खुली छत को 'गॉहारा टेरेस' कहते हैं। दूर तक फैला ऐतिहासिक काइरो दिखता हुआ किसी पहाड़ की चोटी पर खड़े होने का अहसास दिलाता था। छोटे-छोटे, घने बसे हुए मकान, तंग गलियाँ, बीच-बीच में ऊँची उठी हुई मस्ज़िदें, किसी चलचित्र या नाटक के पर्दे जैसा लगता था। आपस में एक दूरी पर बनी 'सुल्तान हसन

मदरसा-मस्जिद' और 'अल-रिफ़ाई मस्ज़िद' बहुत पास लग रही थीं। आसमान साफ़ हो तो यहाँ से गीज़ा के पिरामिड भी दिख जाते हैं।

इसके आगे खुदाई का कार्य भी चल रहा था। प्रतीत होता था कि किसी किले के अवशेष अभी ही मिले हैं और उसे सावधानी से कुरेदा जा रहा है। यहाँ से निकल कर इस कॉम्प्लेक्स में बनी अन्य जगह देखीं। सिटाडेल प्रिज़न म्यूज़ियम, शस्त्रागार या आयुध संग्रहालय देखा। मिलिट्री म्यूज़ियम के बाहर बहुत से सैनिक तैनात थे। कुछ ने तुर्की पोशाक पहनी थी। हमने उनके साथ तस्वीर ली तो उन्होंने अपनी लाल टोपी हमें पहना दी। उनकी यह भलमनसाहत बहुत भाई।

इसके केंद्र में इब्राहिम पाशा की घोड़े पर सवार विशाल मूर्ति और चारों तरफ़ युद्ध पोत, युद्ध टैंक, अन्य वाहन व तोपें थीं। बाहरी हिस्से में ही सभी शासकों के पुतले सजे हुए थे जिनमें रामसेस द्वितीय की भी मूर्ति थी। अंदर की भव्यता समृद्ध इतिहास की स्वयं साक्षी थी। टॉलमी काल के शासकों का पूरा इतिहास वहाँ दर्ज था। वहीं हमने जाना कि अलेक्ज़ेंन्डर का राज 332-323 ईसा पूर्व रहा, टॉलमी एक 323 से 282, टॉलमी तीन 247 से 222, टॉलमी चार 222 से 205, तथा क्लियोपाट्रा 51 से 30 ईसा पूर्व तक शासक रहे। फिर रोमन काल आया जिसमें अगस्टस 30 ईसा पूर्व से 14 ईस्वी, टिबेरियस 14 से 68, ट्रैजन 98 से 117, सेप्टिमस 193 से 211 व डिक्लोटियन 284 से 305 तक राज किया। उनके रथ, ताँगा, सिंहासन, टोपी, पहनावे, अन्य वस्तुएँ प्रदर्शित थीं। शाही ऐतिहासिक घटनाओं का मूर्तियों के स्थिर दृश्य प्रदर्शन

बहुत रोचक लगा। मिस्र के इतिहास पर बनी फ़िल्म को 20-20 ईजी.पी. देकर देखा जा सकता है। थकान उतारने के लिए हमने वह भी देखी।

सिटाडेल के आस-पास अन्य बहुत से दर्शनीय स्थान हैं- 'अल-मुइज़्ज़लिद्दीन', 'बाब-ज़ुवैला', 'खान-एल-खैली', 'एब्न तुलुन मॉस्क़', 'अल-अज़हर मॉस्क', 'म्यूज़ियम ऑफ़ इस्लामिक आर्ट', 'अल-अज़हर पार्क', 'द केव चर्च', 'गेयर एंडर्सन म्यूज़ियम' 'द कॉप्टिक काइरो', 'कॉप्टिक म्यूज़ियम', 'द हैंगिंग चर्च', 'अल-रोडा नीलोमीटर' आदि। यदि समय हो और इच्छा हो तो वे सब भी देखे जा सकते हैं। 'केव चर्च' देखने की इच्छा थी किंतु उसका पहाड़ी रास्ता बहुत संकरा है और 'गार्बेज सिटी' के बीच से गुज़रता है। वहाँ गाड़ी को फँसता देख हमने सही-सलामत लौट आने का फैसला लिया और कुछ दूरी पर ही यू-टर्न ले लिया।

शाम को हम 'काइरो टॉवर' देखने गए। ज़मलक आईलैंड पर यह दूर से नज़र आती है। यह प्रतीकात्मक स्थान है। इसके ठीक सामने वाली गली एकतरफ़ा एक-लेन की है तो कार खड़ी करने की समस्या से दो-चार होना पड़ा। इसके पहले एक बागीचा भी है जिसके आगे गली के बीचोबीच वृहदकाय बरगद का पेड़ है। इसे देखकर जाने क्यों अपने देश की याद आ गई। अपने देश में ऐसा बरगद स्वयं को मन्नतों के धागों में जकड़वाकर जाने किस-किस की ख्वाहिशें पूरी कर रहा होता।

बहुत सौंधी कॉफ़ी की महक से हमने पहले उसी का आनंद लिया। सोचा इतनी देर में टिकट खिड़की पर लाइन कुछ कम होगी पर हुई नहीं। नील नदी के खुमार का नज़ारा लेने के लिए शाम के समय ही इस टॉवर पर अधिक भीड़ जुटती है। पिरामिड के बाद यह अन्य बड़ी आकर्षक निर्मिति है। यह 1961 में बनी थी। शीर्ष से कमल का फूल और नीचे आती हुई कमल ककड़ी के रूप में बना लकड़ी की पट्टियों का जाल बेहद लुभावना है। यह 600 फुट ऊँची है जो कि गीज़ा के सबसे ऊँचे पिरामिड से भी ज़्यादा है। यह 16 माले की है तथा इसके ऊपर का माला 360 डिग्री घूमता है जिसमें बने 'स्काई विंडो कैफ़े' में चाय पीते हुए शहर के मुख्य स्मारकों के विहंगम दृश्य लिए जा सकते हैं और सबसे ऊपर बनी 'ऑब्ज़रवेशन डेक' से भी। इसकी तीव्र लिफ़्ट 45 सैकेंड में ही नीचे से ऊपर ले आती है। यह काइरो में बहुत दूर से ही नज़र आने लगती है। इसको दृष्टि में रखते हुए इस द्वीप पर कहीं भी सुविधा से पहुँचा जा सकता है। यह पर्यटक को मार्ग भटकने नहीं देती।

इसके बाद वेज भोज की तलाश हमें फेयरमोंट होटल के 'नाइल सिटी' नामक फ्लोटिंग रेस्टोरेंट में ले गई। जहाँ लेबनानी खाने का स्वाद 'बाब-एल-नील' में लिया। हमूस-खुबुज़ और कुनाफ़ा का भरपूर स्वाद लिया। नील नदी के किनारे पूरा शहर 2024 नववर्ष के स्वागत को बेकरार था। खूब सारी सजावट थी। वहाँ की सजावटों को हमने फ्रेम में शामिल किया, पार्क में चहलकदमी की और इस दिन को यादों से भरपूर किया।

पाँचवाँ दिन : इस दिन हमने शहर से बाहर जाने की सोची और मेम्फ़िस ओल्ड सिटी पहुँचे जहाँ खंडहरों का जमावड़ा है। यहाँ का मुख्य आकर्षण राजा 'रामसेस

द ग्रेट' की चूनापत्थर की मूर्ति है जो लेटी हुई अवस्था में रखी है। इसे देखने के लिए इसके ऊपर के माले पर बनी बाल्कनी से देखना होता है। रामसेस द्वितीय को मिस्र के इतिहास में सबसे शक्तिशाली फ़ैरोह माना जाता है। उसने 1279 से 1213 ईसा पूर्व, लगभग 66 साल राज्य किया। इस दौरान उन्होंने कई युद्ध लड़े। मिस्र के निर्माण का श्रेय उन्हीं को जाता है। नए शहर बसाने, मंदिर तथा स्मारक बनवाने का काम किया। उन्होंने मिस्र की प्रशासनिक राजधानी 'पाई-रामसेस' नाम से नील नदी के डेल्टा में बनवाई। नुबिआ में 'अबु सिम्बल' मंदिर और मैम्फ़िस में 'पटाह मंदिर' बनवाया। पूरे मिस्र में किसी भी अन्य फ़ैरोहों से अधिक मूर्तियाँ रामसेस द्वितीय की बनी हुई हैं। यहाँ रखी मूर्ति लगभग 10 मीटर ऊँची है। इस मूर्ति पर सभी राजसी चिह्न अंकित हैं। सिर पर देवी कोबरा है जो फ़ैरोहों की रक्षा करती है, शीश-परिधान, फ़ैरोहों की विशिष्ट दाढ़ी और घुटने तक का खास पैरहन, सब कुछ मूर्ति में खुदा है। इस मूर्ति की खोज वर्ष 1821 में हुई। इटली निवासी ने इसे 'पटाह' मंदिर के दक्षिण द्वार के पास दलदल में औंधे मुँह पड़े देखा। उन्हें यह मूर्ति एक मगरमच्छ की भाँति लगी। यह स्थापित होने के बाद कि यह रामसेस द्वितीय की मूर्ति है, बहुत समय तक इसे निकालने के प्रयास विफल होते रहे और अंत में 1887 में ब्रितानी इंजीनियर इसे निकाल इस स्थान तक पहुँचवाने में सफल हुआ। इसके विशाल आकार को देखते हुए ऊँचाई से इसे देखने के लिए इस खुले प्लेटफॉर्म का निर्माण हुआ।

रामसेस दो के बाद वाइबरा ने 600 वर्षों तक राज किया था। उसके सिलनुमा पत्थर पर लेख पत्र हैं जिनमें उसके द्वारा प्रभु पटाह को ज़मीन और पैदावार आदि अर्पित की गई है। इसके प्रांगण में भी एक स्फ़िंक्स की मूर्ति है।

प्राचीन मिस्र में यह माना जाता था कि ईश्वर के परिवार होते हैं। मिथक-पुराणों में वर्णित इसी धारणा के अंतर्गत प्रभु पटाह, उनकी पत्नी सेखमत और पुत्र नेफर्टम तीनों की मूर्तियाँ साथ में परिवार रूप में हैं। पटाह और रामसेस दूसरे के मंदिर व पूजा स्थल यहाँ मैम्फ़िस में मौजूद हैं। प्राचीन मिस्र में देवी हैथर को प्रेम, ममता व संगीत की प्रतिमूर्ति माना गया है। उसकी प्रतिमा गाय के कान लगाकर बनाई गई है क्योंकि दूध, खाना और कृषि के लिए गाय आवश्यक पशु है। देवी हैथर की प्रतिमा भी यहाँ है। इसके अतिरिक्त बहुत से प्रागैतिहासिक पाषाण मैम्फ़िस में रखे गए हैं।

यहाँ की सुरक्षा में लगे पुलिस कर्मियों के साथ हमने तस्वीरें निकालीं तो हमसे पैसों की माँग की गई तो बड़ी हैरानी हुई। हँसते हुए हमने उन्हें 20 ईजी.पी. दिए और जान

गए कि यहाँ भी यही लूटने का काम चलाया जाता है। इस शाम को बारिश बहुत होने से हमने होटल पर ही आराम किया। अपना सामान भी बाँधा कि अगली सुबह हमें अलेक्ज़ेंड्रिया के लिए निकलना था। लोंगों ने हमें लक्सर जाने की सलाह भी दी किंतु हम अब इतिहास से निकल वर्तमान में प्रवेश के इच्छुक थे।

अलेक्ज़ेंडर महान की नगरी : अलेक्ज़ेंड्रिया, मिस्र

छठा दिन : मिस्र की राजधानी काहिरा में पाँच दिन बिताने के बाद अगली सुबह हम अलेक्ज़ेंड्रिया के लिए रवाना हुआ। यह 225 किलोमीटर का सफ़र था जिसे तय करने में अमूमन 3 घंटे का समय लगता है। मिस्र में काइरो के बाद अलेक्ज़ेंड्रिया ही सबसे प्रसिद्ध शहर है। काइरो शहर से बाहर निकलते ही रास्ते में कई मॉल पड़े जिन्हें देखकर किसी खजाने को तलाश लेने जैसा आभास हुआ। अंतर्जाल पर ढूँढकर, छाँटकर पहले से लिख के रखे एक-दो मॉल के नाम को जब हम जाने के लिए गूगल मैप लगाकर वहाँ पहुँचे तो वहाँ ऐसे कोई मॉल हमें मिले ही नहीं। काइरो की तंग गलियों के सामने यह 6-6 लेन वाला महा मार्ग था जिस पर गुज़रने के लिए 'मार्ग कर' देना होता है। अलेक्स डैसर्ट रोड, महामार्ग 75 को पकड़ लिया, उस पर 'साजा' नामक टोल टैक्स 10 ईजी.पी. का, दो-तीन बार लगा। बिना टोल के आने वालों के लिए एक अलग लेन समानांतर चल रही थी जिसकी गति सीमा कम थी और उस पर वाहन भी अधिक थे। रास्ते में पैट्रोल भरवाते और चाय-पानी पीते हुए अलेक्ज़ेंड्रिया पहुँचने में हमें 4 घंटे लगे।

अलेक्ज़ेंड्रिया में दाखिल होने से पहले ही हमें भूमध्य सागर दिखना शुरु हो गया। यह अटलांटिक महासागर का हिस्सा है जो यूरोप और अफ्रीका देशों की भूमि से घिरा हुआ है। छोटे-छोटे द्वीपों को घेरकर बंदरगाह का निर्माण हो रहा था और पास ही कई नई कॉलोनियों का निर्माण कार्य होता हुआ दिखाई दिया।

हमने अपनी दौड़ सीधा 'हिल्टन' तक लगाई जो ग्रीन प्लाज़ा कॉम्प्लेक्स में है। इसमें भूमि तल व पहले तल पर ग्रीन प्लाज़ा नामक मॉल बनी हुई है और दूसरे तल पर होटल। यहाँ की रौनक ही कुछ और थी। कमरे के बाहर गैलरी से नीचे देखने पर मॉल दिखाई देती थी। पूरा वातावरण नववर्ष के माहौल में रँगा हुआ था। एक चक्कर मॉल का लगाकर कुछ देर विश्राम के बाद हमने समुद्र तट का रुख किया।

सबसे पहले हम लूना बीच पर गए। यहाँ पर लूना पार्क नामक बहुत बड़ा कैफ़े है। इसके एक ओर 'अलेक्ज़ेंड्रिया कॉर्निश' है तो दूसरी ओर 'क्लियोपाट्रा बीच'। ठंडी मदमाती हवा चल रही थी। समुद्र की लहरें ऊपर, और ऊपर उठ-उठकर मानो हाथ मिलाना चाह रही थीं। शोर मचाती लहरें संग-संग चलती रहीं और हम लगभग ढाई किलोमीटर पैदल चल 'बीच' का लुत्फ उठाते रहे। पूरा सागर तट बच्चों के खेलने, बड़ों के खाने-पीने के हिसाब से विकसित किया गया है। मनोरंजन की भरपूर सामग्री समुद्र किनारे थी। बहुत से युगल दंपति वहाँ के मौसम का मिजाज़ चख रहे थे। अँधेरा गहराने लगा तो लहरें 25-25 फुट ऊँची उछल हवा से अठखेलियाँ करने लगीं।

'क्लियोपाट्रा बीच' पर 'द वॉक' नामक विकसित स्थान है जहाँ नाना प्रकार के शीशा-कैफ़े, खान-पान के रेस्टोरेंट तथा खरीदारी की दुकानें आदि हैं। तट को सुंदर

बनाते हुए 'टैट्रापोड' यानि 'Y' आकृति के बड़े-बड़े पत्थर किनारे पर सजे हैं जैसे कि मुम्बई के 'मरीन ड्राइव' पर हैं। ये पत्थर किनारे पर बने भवन आदि को लहरों की चोट के नुकसान से बचाते हैं।

वहाँ खूब घूम-फिरने के बाद हमने सड़क के उस पार 'इंडिया गेट' भारतीय भोजनालय का रुख किया और इतने दिनों में पहली बार भारतीय भोजन छककर खाया। यहाँ का खाना बहुत लज़ीज़ था व सजावट राजस्थानी प्रकार की थी। वापिस होटल आकर मॉल की रोशनी से खिंचे बिना न रह सके। मॉल की बहुत-सी दुकानों में मोलभाव किया।

सातवाँ दिन : अगले दिन सुबह स्वीमिंग पूल के किनारे नर्म धूप सेंकी फिर नाश्ते के लिए जिस हॉल में गए, उसका नाम भी 'अलेक्ज़ेंन्डर हॉल' था। यहाँ हमें लाइव कुकिंग के साथ गरमागरम करारे 'फ़लाफ़ल' खाने को मिले जिनका स्वाद अब तक मुँह में घुला-सा महसूस होता है। यहाँ शाकाहारी नाश्ते की विविधता भा गई। इन रसोइयों से बात करना काइरो की तुलना में आसान था। वे अंग्रेज़ी जानते थे और उनसे मनचाहा व्यंजन बनवाया जा सकता था।

इस दिन पहले अलेक्ज़ेंड्रिया नेशनल म्यूज़ियम देखने गए। इस शहर का सम्पूर्ण इतिहास इस संग्रहालय में जानने को मिला। हालाँकि यह अधिक बड़ा नहीं है, परंतु बहुत सलीके से व्यवस्थित और प्रदर्शित किया गया है। भूमि तल पर ग्रीक व रोमन शासन काल की समस्त जानकारी मौजूद है तो भूमिगत तल पर

फ़ैरोस काल का इतिहास दर्ज है और दूसरे तल पर मध्य काल का रोमन शासन (बाइज़ेंटाइन) और इस्लामिक समय का।

यहाँ सम्राट अलेक्ज़ेंडर के बारे में विस्तृत जानकारी मिली। महान अलेक्ज़ेंडर ने रणनीतिक और व्यावसायिक महत्त्व के अनुसार इस स्थान को राजधानी बनाया। पूर्वी भूमध्य को जीतने के लिए उसने यहाँ जलसेना का डेरा भी बनाया। यूनानी शहरों के प्रारूप पर ही उसने सड़कों का जाल बिछाया। पूरे शहर से गुज़रने वाले दो मुख्य मार्ग, पूर्व से पश्चिम वाला कैनोपिक कहलाया और उत्तर से दक्षिण वाला नाबी डैनियल मार्ग बना। दोनों जहाँ एक दूसरे को क्रॉस करते हैं वहाँ बहुत बड़ा स्क्वैयर बना। रॉयल हार्बर के अलावा दो और बंदरगाह बनवाए। एक किलोमीटर दूर के 'फ़ैरो' द्वीप को मुख्य भूमि से जोड़ने का काम भी किया।

कहा जाता है कि 'रकोटिस' गाँव और 15 मछुआरों की बस्तियों को मिलाकर उस स्थान पर अलेक्ज़ेंड्रिया को बसाया गया था। नील डेल्टा को विदेशी आक्रमण से बचाने के लिए वहाँ सेना तैनात की जाती थी। 'रकोटिस' ऐसी जगह पर था कि यूनानी व्यापारी बहुत पहले से भी मिस्र से व्यापार करने के लिए उसी स्थान से प्रवेश करते थे। यूनानी महाकवि होमर के काव्य में 'फ़ैरो' के द्वीप का उल्लेख मिलता है। होमर का समय 8वीं शती ईसा पूर्व का है।

अलेक्ज़ेंडर महान, इस नाम से वह तीसरा मैसिडोनिया राजा था पर उसके महान कार्यों से उसे अलेक्ज़ेंडर महान कहकर अन्य दो से अलग पहचाना जाता है। वह फ़िलिप द्वितीय का पुत्र था और उनके बाद मैसिडोनिया का राजा बना। 334 ईसा पूर्व उसने पारसी साम्राज्य पर सैनिक कार्यवाही की। 332 में मिस्र के पारसी गवर्नर के आत्मसमर्पण के बाद उसने स्वयं को मिस्र का राजा घोषित किया। तब वह सिवा नखलिस्तान में 'आमुन' के मंदिर में गया, जहाँ मिस्र के वासियों द्वारा उसका भव्य स्वागत किया गया। पर्शिया के साथ ही उसने पार्थ्रिया और बैक्ट्रिया पर भी विजय हासिल की और फिर 327 ईसा पूर्व वह भारत पहुँचा। चार वर्ष बाद वह बेबिलोन वापिस आया जहाँ उसकी मृत्यु 33 वर्ष की उम्र में हुई। अपने छोटे जीवन में उसे

अनेक उपाधियाँ मिलीं। जैसे 'एशिया का स्वामी', 'पानी का अधिपति', 'दो धरा का राजा', 'प्रभु अमुन का बेटा', प्रभु रे का पुत्र' आदि। 'अमुन' मिस्र के सम्पन्न लोगों में पूजे जाने वाले देव हैं। इनका मंदिर 'कार्नाक' में आज भी जीवित है। इनकी पत्नी अमूनत के बारे में पिरामिड लेखों में उल्लेख मिलता है। मिस्र के धार्मिक विश्वासों पर अमुन का प्रभाव अन्य शक्तिशाली देवों से उनकी सम्बद्धता के कारण पड़ा जिनमें से सूर्य के भगवान- 'रे' प्रमुख हैं। अलेक्ज़ेंड्रिया की नई राजधानी में 'अमुन-रे' के नाम से दोनों को माना जाता था।

अलेक्ज़ेंडर की मृत्यु के बाद, लागोस का पुत्र टॉलमी मिस्र में गवर्नर के तौर पर 323 ईसा पूर्व आया और स्वयं को यहाँ का राजा घोषित कर दिया। उसने राज्य के सभी आंतरिक व बाहरी मामलों को अपने नियंत्रण में ले लिया। सभी जिम्मेदारी वाले पद यूनानियों को दिए और छोटे पदों पर मिस्री लोगों को लिया। उसने वहाँ यूनानी भगवानों 'आइसिस' 'सेरापिस' व 'हार्पोक्रेटीस' को स्थापित किया, राजाओं को देवताओं का दर्जा दिलवाया।

अलेक्ज़ेंड्रिया पर यूनानी राज के समय सेरापिस को सबसे बड़ा भगवान माना जाता था। उनके गुण यूनानियों और मिस्री, दोनों में स्वीकार किए जाने लगे। सेरापिस के मंदिर बनवाए गए और उनकी पूजा हुई। इनको मानने वाला प्रमुख समुदाय अलेक्ज़ेंड्रिया में होते हुए भी यह पूरे मिस्र में फैलता हुआ रोम तक पहुँच गया। रोम जाकर यह वहाँ का आधिकारिक पंथ बन गया।

'आइसिस' देवी प्राचीन मिस्र की प्रतिष्ठित सर्व देवी थीं। इन्हें सेरापिस की पत्नी के रूप में देखा जाता है। उन्हें देवी एफ्रोडाइट और दिमीटर से भी जोड़ा जाता है। इनका प्रभाव भी रोम तक पहुँचा परंतु इन्हें मिस्र की देवी के रूप में ही जाना गया। 'हार्पोक्रेटीस', देवी आइसिस का पुत्र था और गरीब व सामान्य मिस्र समाज की पूजा का अधिकारी हुआ।

टॉलमी राजवंश की आखिरी शासक क्लियोपाट्रा सप्तम् हुई। उन्हें आकर्षक, सुसंस्कृत, शिक्षित, चतुर और बहुभाषाविद बताया जाता है। अपने व्यक्तित्व के

प्रभाव से उन्होंने न केवल राजगद्दी बल्कि बहुत कुछ हासिल किया। जूलियस सीज़र की हत्या के बाद उन्होंने मार्क एन्थनी से विवाह किया। एक्टियम की प्रसिद्ध लड़ाई में हार के बाद जब एन्थनी ने अत्महत्या कर ली तो क्लियोपाट्रा ने भी अपने प्राण ले लिए और उसके राज के साथ ही टॉलमी राजसत्ता का अंत हो गया।

इस संग्रहालय में टॉलमी काल के सभी शासकों की मूर्तियाँ हैं। उनके अधिकारिक पाषाण-पत्र भी हैं। पेंटिग्स द्वारा दृश्य भी उकेरे गए हैं जिससे मिस्र के समाज व परंपरा पर किन-किन सभ्यताओं का प्रभाव पड़ा है, यह समझने में मदद मिलती है। ।

'बाइज़ेंटाइन' काल, 'ममलूक' के काल में व 'ओत्तोमन' काल में अलेक्ज़ेंड्रिया कैसा था; अलेक्ज़ेंड्रिया में अरब कब आए; या फ्रांस घुसपैठ के समय का इतिहास क्या है; यह सब इस संग्रहालय में दर्ज है। यहाँ उस समय की वस्तुओं में लम्बे व पतले शरीर वाले मिट्टी के मर्तबान भी शामिल हैं।

इसे पूरी तसल्ली से देखकर बाहर आए तो बहुत समृद्ध अनुभव किया। इससे आगे घंटाघर वाला चौराहा था। उसे कुछ क्षण निहार के हम **'एन्शिएंट रोमन एम्फ़िथिएटर'** देखने गए। यह शहर के बीच में 'कोम-एल-डिक्का' नामक स्थान पर है। अरबी भाषा में इसका अर्थ है 'मलबे का पहाड़'। यह थिएटर अलेक्ज़ेंड्रिया की प्रमुख पहचान व निशानी है। अर्द्धचंद्र आकृति में बना हुआ यह थिएटर मिस्र के रोमन काल की स्थापत्य कला का अद्भुत व प्रभावशाली नमूना है। थिएटर में लगभग 1000 लोगों के बैठने की व्यवस्था रही होगी। मुख्य अतिथियों के लिए ठीक मंच के सामने और अन्य दर्शकों के लिए मंच के पीछे की ओर। इसके समय का अनुमान द्वितीय शताब्दी का है। लगभग छठी शताब्दी के भूडोल में इसके दब जाने की संभावना बताई जाती है। इसकी पुन: खोज बहुत पुरानी बात नहीं है। 1960 में इसका पता लगाया जा सका। इसमें एक बड़ा सभागार तथा अनेक ऊँचे-ऊँचे खम्भे हैं। यह पूरा स्थान अन्य अनेक कमरों में बँटा हुआ है। प्रतीत होता है कि यह आम सभा तथा राजकीय सभा के लिए भी प्रयुक्त होता होगा। इसी कम्पाउंड में बहुत से स्नानघर बने हुए हैं तथा ठंडे-गरम पानी के कई तरह के तालाब बने हुए हैं

जो खंडहर मात्र हैं परंतु अपना इतिहास स्वयं बयाँ करते हैं कि कभी यहाँ शाही क्रीड़ाओं का स्थल होता होगा। एक कोने में 'विला ऑफ़ द बर्ड्स' नाम से चिड़ियों के लिए विशेष स्थान बना है।

इतिहास के दर्शन लाभ लेकर शाम को हम एक अच्छे समुद्र तट की तलाश में 'गोल्डन ज्यूल बीच' पर रुके और टहलते हुए 'टिवोली डोम' पहुँच गए। यह समृद्ध जगह आलीशान और आनंद से भरपूर थी। इसे आधुनिक, निशुल्क व स्वतंत्र 'एम्फ़िथिएटर' की संज्ञा दी जा सकती है। बड़े से प्लेटफॉर्म के चारों ओर तरह-तरह के खान-पान की व्यवस्था और समुद्र दर्शन, शांति और शोर का अनोखा सामंजस्य था। यहाँ की प्राकृतिक व कृत्रिम छटाओं का आनंद लेकर हम होटल पहुँचे।

हमने होटल का कमरा खोलकर प्रवेश किया तो चाय की मेज़ पर कुछ रखा देखकर चौंक गए। पास जाकर कौतूहल, संशय और आशंका से देखा तो पाया कि मेज़ पर एक केक और फूल रखे हैं। केक पर 'हैप्पी बर्थडे' लिखा हुआ था। हमारे आश्चर्य व खुशी का ठिकाना न रहा। उस दिन पतिश्री का जन्मदिन था। हमनें समझ लिया कि संभवत: रिसेप्शन में फ़ॉर्म भरते समय और पासपोर्ट की कॉपी लेते समय मैनेजर ने अगले दिन जन्मदिन का होना चुपके से नोट कर लिया होगा। हमें होटल वैसे भी बहुत पसंद आया था अब तो हम इसके मुरीद हो गए।

होटल के नीचे बनी ग्रीन प्लाज़ा मॉल में कभी वीरानी न रहती थी। घुमक्कड़ों का ताँता लगा ही रहता था। बाज़ार की चकाचौंध से प्रभावित होकर हमने भी कुछ नायाब तोहफ़े खरीदे।

आठवाँ दिन : यह दिन अलेक्ज़ेंड्रिया से काइरो जाने का था अत: दिन में 'सेन स्टीफानो ग्रांड प्लाज़ा मॉल' देखी। इसके दूसरे-तीसरे माले से समुद्र में ऊँची उठती लहरें बड़ी खूबसूरत लग रही थीं। अब तक हमारे पास जो सिक्के इकट्ठे हो गए थे, उनमें से हमने अलग-अलग डिज़ाइन वाले सँभाल के रख लिए और बाकी चाय पानी में खर्च कर दिए। एक अमरीकी डॉलर में उस समय 30-31 इजिप्शियन पौंड मिलते थे लेकिन वहाँ पर अमरीकी डॉलर की माँग बहुत है अत: बाज़ार में कई लोग एक डॉलर में 40-45 इजिप्शियन पौंड देने के लिए भी राजी हो जाते हैं। ऐसा क्यों है, यह समझ नहीं आया तो हमने ऐसा सौदा किया नहीं। सिक्कों के अतिरिक्त अलग-अलग मूल्य का एक-एक नोट भी सुरक्षित कर लिया।

भ्रमण के लिए कितने भी दिन लेकर चलो, कम पड़ ही जाते हैं। मिस्र का अगला महत्त्वपूर्ण शहर लक्सर अवश्य जाना चाहिए जो हमारी योजना में शामिल न हो सका। काइरो में भी 'कॉप्टिक काइरो', 'कॉप्टिक म्यूज़ियम', 'इस्लामिक आर्ट म्यूज़ियम', 'मनियल पैलेस', 'स्ट्रीट ऑफ़ टैंटमेकर्स', 'अल-मुइज़्ज़', काइरो के बाहर 'सक्कारा', 'दहशूर' आदि भी दर्शनीय स्थान हैं जो हमारी दृष्टि का अंग न बन सके।

दोपहर बाद काइरो जाने के महामार्ग पर आ गए। काइरो की सीमा में घुसने से पहले 'डेंडी मेगा मॉल' में गए। क्रिसमस की बेहतरीन सजावट का आनंद लिया, खाना

खाया, फिर हवाई अड्डे की तरफ निकले। किराए की कार वापिस की और लक्सर देखने की आस दिल में दबाए हुए हवाई उड़ान से दुबई के लिए रवाना हो गए।

अरब दुनिया का मग़रेब स्थल : मोरोक्को

अरबी भाषा बोलने वाली दुनिया, जिसमें मध्य-पूर्व (मिडिल ईस्ट) और उत्तरी अफ्रीका प्रमुखत: आता है, 'मेना' कहलाती है। इस अरब दुनिया का पूर्वी हिस्सा 'मशरिक़' तथा पश्चिमी 'मग़रेब' कहलाता है। जैसा कि पूर्व और पश्चिम दिशाएँ सूर्योदय व सूर्यास्त के लिए जानी जाती हैं, वैसा ही अर्थ मशरिक़ तथा मग़रेब का भी है। मग़रेब की नमाज़ भी सूर्यास्त के समय पर ही अदा की जाती है। 'मग़रेब' उस स्थान को भी कहा जाता है जहाँ पर सूर्यास्त होता है। अरब दुनिया के 22 देशों में 'मोरोक्को' ऐसा देश है, जिसमें सबसे अंत में सूर्यास्त यानी 'मग़रेब' होता है तथा अरब के इस मग़रेब स्थान मोरोक्को के बाद यूरोप आरंभ होता है। इन दोनों के मध्य ही पड़ता है स्ट्रेट जिब्राल्टर।

मोरोक्को भ्रमण के प्रति आकर्षण का कारण बना एक संबंधी का वहाँ पाँच वर्ष प्रवास। फिर उन दंपति के दुबई में निवास करने से सम्पूर्ण जानकारी जुटाने में बहुत सुविधा हुई। यही कारण था कि हमने मार्च 2025 में मोरोक्को घूमने का कार्यक्रम बनाया अन्यथा यह देश भारतीय और एशियाई घुमक्कड़ों में बहुत अधिक लोकप्रिय नहीं है और यही हमने वहाँ सत्यापित पाया भी। वहाँ यूरोप में बसे हुए कुछेक भारतीय तो घूमने आए हुए थे क्योंकि यह यूरोप से बहुत पास है। भारत या खाड़ी देशों से कोई इक्का-दुक्का ही हमें वहाँ दिखाई दिए। तो शुरु करते हैं शुरु से...

मन में विचार के दृढ़ होने के बाद वीसा, टिकट, होटल, रेंटल कार, पर्यटन-सूची आदि में पहली प्राथमिकता वीसा की थी। यह एक ऐसा दस्तावेज़ है कि यह है तो सब संभव है अन्यथा अन्य सब कुछ होते हुए भी सब व्यर्थ है। गत वर्ष यानी 2024 मार्च माह में ही स्थानीय समाचार-पत्र में यह घोषणा हुई थी कि यू.ए.ई. के निवासी मोरोक्को का ई-वीसा लेकर यात्रा करने की पात्रता रखते हैं। अधिक खोज-खबर निकालने पर जानकारी मिली कि 'किंगडम ऑफ़ मोरोक्को, मिनिस्ट्री ऑफ़ फ़ॉरेन अफ़ेयर्स' अर्थात् विदेश मंत्रालय की वेबसाइट के द्वारा आवेदन भरना होगा। यह बहुत भारी काम प्रतीत हो रहा था। आमतौर पर इस प्रकार वीसा आवेदन के फ़ार्म में हवाई यात्रा तथा ठहरने के स्थान आदि का विवरण भी पूछा जाता है तो *'अंडा बनाम मुर्गी'* का प्रश्न बना रहता है परंतु ऐसी कोई समस्या नहीं आई और प्रक्रिया सुविधा से सम्पन्न हुई। दो वीसा के 1590 मोरक्कन दिरहम या भारतीय मुद्रा में 14,500 रुपए लगे। सुखद हैरत की बात यह थी कि हमने तत्काल सेवा की अतिरिक्त फीस नहीं दी थी परंतु वीसा तत्काल गति से 24 घंटे के भीतर ही ई-मेल द्वारा प्राप्त हो गया था।

टर्किश एयरलाइंस की दुबई से कासाब्लांका की उड़ान बुक कराई गई। भ्रमण-सूची, होटल, कार व्यवस्था आदि की बुकिंग भी जल्द ही कर ली गई। आने-जाने का दिन मिलाकर कुल दस दिन का और अरब दुनिया के मग़रेब 'मोरोक्को' में ठहरने के अनुसार आठ दिन व आठ रातों का कार्यक्रम तय हुआ। मोरोक्को जाने के लिए हमारे पास 'एमिरेट्स', 'एयर मारोक', 'एयर अरेबिया' के भी विकल्प थे किंतु समय और दिनों की उपलब्धता के गणित से टर्किश एयरलाइंस से जाने में ही दिनों का लाभ दिख रहा था क्योंकि हम ईद व सत्रांत मिली छुट्टियों पर निर्भर थे। इस एयरलाइंस में यह हमारा पहला अनुभव होने वाला था अत: हम सशंकित भी थे हालाँकि कुछ दिन पूर्व हमारे घर बर्लिन से पधारे संबंधियों ने यही एयरलाइंस उपयोग की थी और उसके बारे में हमें आश्वस्त भी किया था। उनके अनुभव से सीखकर हमने अपने लिए एशियन शाकाहारी तथा जैन खाना पहले से ही आरक्षित करवा दिया था जिससे चारों ही उड़ानों में हमें खास सेवा के तहत वह उपलब्ध

कराया गया जो कि स्वाद, विविधता और मात्रा; तीनों ही दृष्टि से उत्कृष्ट रहा। एयरलाइंस में मनोरंजन के लिए निजी स्क्रीन, फोन चार्जर, रिफ्रेशिंग किट व कम्बल आदि सभी सुविधाएँ थीं। हमारे संशय के विपरीत यह एक बढ़िया हवाई यात्रा सिद्ध हुई। उस पर सोने पर सुहागा इस्तानबुल हवाईअड्डा, जो कि इतना खूबसूरत है कि इसे देखने के बाद हमारी इच्छा-सूची में तुर्कीए भी शामिल हो गया।

तय समय के अनुसार लगभग पौने दो बजे हम कासाब्लांका के 'मोहम्मद पंचम हवाईअड्डे' पर उतरे। यहाँ इमिग्रेशन आदि की औपचारिकताएँ पूरी करने में अधिक समय नहीं लगा। एयरपोर्ट का वातावरण पारंपरिक रीति से सजाया हुआ था। कुछेक जगह नवीनता के दर्शन भी हुए।

यात्रियों के लिए प्रतीक्षा करने का यह स्थान भा गया। हमें अधिक प्रतीक्षा नहीं करनी पड़ी। बेल्ट पर सामान जल्दी ही आ गया।

अपने सूटकेस लेने के बाद हमने 'इनवी' की दो सिम खरीदीं जिससे हमें 20-20 गीगाबाइट्स डेटा की सुविधा मिल गई। इस हवाई अड्डे पर सामान रखने की ट्रॉली लेने के लिए बीस मोरक्कन दिरहम का टोकन लेना होता है जो आपको ट्रॉली लौटाने पर वापस मिल जाता है। बाहर पार्किंग में हमने प्री-बुक की हुई किराए की कार लेनी थी। कार लेने के बाद हमने ट्रॉली उसके नियत स्टैंड पर लगाई तो पाया कि सिक्का लेकर पैसे लौटाने वाली मशीन खराब है। यह एक प्रकार से धोखे जैसा लगा किंतु पहले ही दिन खराब धारणा बना लेना ठीक नहीं था

अत: हम अपने मन को समझाकर, आरक्षित कार हेतु आवश्यक कागजी कार्यवाही कर, कार से होटल की ओर चल दिए। होटल में सामान टिकाया व कुछ देर आराम किया। लोकल ए.टी.एम. से अपने डेबिट कार्ड का प्रयोग कर थोड़े मोरक्कन दिरहम निकाले ताकि छोटे-मोटे खर्चे रोकड़ा देकर किए जा सकें।

हमें विश्वास न होता था कि हम 'व्हाइट सिटी' अर्थात् 'श्वेत शहर' कासाब्लांका में हैं। मोरोक्को की राजनैतिक राजधानी 'रबात' है किंतु व्यावसायिक राजधानी कासाब्लांका ही है। हमने छानबीन की ही थी कि कासाब्लांका एक समुद्रतटीय शहर है। मोरोक्को अपनी 3523.5 किलोमीटर की सीमा तीन देशों, एक समुद्र और एक महासागर से बाँटता है। उत्तर में भूमध्य सागर, पश्चिम में अटलांटिक महासागर, पूर्व में अल्जीरिया देश, दक्षिण में वेस्टर्न सहारा। रोचक बात यह है कि मोरोक्को स्ट्रेट ऑफ़ जिब्राल्टर के माध्यम से स्पेन से जुड़ा है और भूमि के माध्यम से भी। मोरोक्को के बहिर्क्षेत्र में 'क्यूटा' और 'मेलिला' नामक दो जगहें स्पेन के अधिकार क्षेत्र में आती हैं अत: दुनिया की सबसे छोटी देश विभाजक सीमा 8 किलोमीटर की मोरोक्को और स्पेन के बीच स्वायत्त क्यूटा के कारण है।

इस अनूठी सीमाओं वाले देश में हम पहुँच चुके थे। शाम को हमने अपनी सूची के अनुसार 'हसन द्वितीय मस्जिद' व 'बुलेवर्ड डे ला कॉर्निश' का रुख किया जो कि होटल से कोई 8-10 किलोमीटर दूर ही रहा होगा। बाहर निकलकर पाया कि चारों ओर सन्नाटा पसरा हुआ है। यह 'रमादान' का महीना था। दो दिन बाद ईद थी। इस समय 'रोज़ा' खोलने का वक्त हो रहा था, वही हमें सन्नाटे का कारण समझ आया। सड़कें ऐसी सूनी पड़ी थीं मानो कर्फ़्यू लगा हो। हम स्वयं हैरत में थे कि कहीं कोई चालान आदि तो नहीं कट जाएगा इस समय सड़क पर कार चलाने से। खैर, हमने अपने संशय को पीछे धकेला और गूगल के बताए रास्ते से आगे चलते रहे। 'हसन दो' मॉस्क दूर से ही दिख रही थी। इसके परिसर में भी चिड़ी न चिड़ी का बच्चा वाला दृश्य दिख रहा था। इसके पास बने 'बुलेवर्ड कार्निश' पर कुछ परिवार अपने छोटे बच्चों के साथ खेलते व घूमते दिख रहे थे। फिर भी सड़क पर वाहन न के बराबर ही थे। हम आगे चलते हुए 'एल-हन्क' लाइटहाऊस के सामने से गुज़रे।

वहाँ कुछ चहल-पहल अवश्य थी। इससे भी आगे बढ़ते हुए अँधेरा शुरु होने के कारण हमने **'मोरोक्को मॉल'** देखने का फैसला किया। कुछ हद तक तो वहाँ भी निराशा ही हाथ लगी। मॉल की सभी दुकानें बंद थीं, खाने के लिए रेस्टोरेंट आदि को छोड़कर। वहाँ भी बहुत हल्की रोशनी होने से कोई उत्साह जैसा अहसास न होता था। सात बज रहे थे और दुकानें साढ़े आठ बजे पुनः खुलनी थीं। कुछ देर वहाँ ऐसे ही निरुद्देश्य घूमते रहने के बाद, आठ बजे ग्रोसरी की दुकान 'मारजेन' खुली तो उसमें से कुछ ज़रूरी सामान खरीदकर हम वापस होटल आ गए। पहले दिन का अनुभव कोई बहुत उत्साहवर्धक न था।

अगले दिन सुबह ही हम कासाब्लांका की सबसे प्रसिद्ध स्थली, 'हसन द्वितीय मस्जिद' के लिए निकल पड़े। 'हसन दो मॉस्क म्यूज़ियम' की पार्किंग के हवाले अपनी कार कर, हमने मस्जिद के अंदर जाने का रास्ता खोजा। कई दिशाओं से कोशिश करने पर भी उसके अंदर जाने का रास्ता खोज लेना नसीब न हुआ। मस्जिद के ठीक सामने की सड़क को ब्लॉक कर भूमिगत पार्किंग बनाई गई थी। अतः हम कार से उसके बाईं ओर पहुँचे जहाँ लम्बा-सा कॉर्निश था। वहाँ एक कच्ची रोड पर पार्किंग की गई। पहले इस ओर से ही समुद्र का जायज़ा लिया गया। अटलांटिक महासागर से पूर्व दिशा में उठती ऊँची लहरों का सामना पहली बार किया था। इससे पहले अमेरिका की यानी पश्चिम की ओर से इसी महासिंधु को निहारा था।

"मैं इस मस्जिद को पानी के ऊपर बनाना चाहता हूँ क्योंकि अल्लाह की गद्दी पानी पर ही है।"

शासक हसन द्वितीय के इस कथन, सोच और स्वप्न के आधार पर बनी इस मस्जिद 'द किंग हसन टू कासाब्लांका मॉस्क' को अफ्रीका महाद्वीप में सबसे बड़ा बताया जाता है और विश्व में पाँचवे नम्बर पर। इसका निर्माण 1993 में हुआ था। इसकी दीवारें तराशे हुए संगमरमर की बनी हैं। इसकी 210 मीटर की मीनार दुनिया की दूसरी सबसे ऊँची मीनार है। यह 60 मंजिला ऊँची है और इसके शीर्ष पर एक लेजर

लगा हुआ है जो रात में 30 किलोमीटर दूर तक रोशनी फेंकता है। यह मक्का की ओर मुँह किए हुए है। यह मीनार इस शहर की और यह मस्जिद इस देश की मुख्य पहचान है।

यह मस्जिद शान से अटलांटिक महासागर में एक ऊँचे चबूतरे पर बनी है। इसमें एक समय में एक लाख लोग एक साथ प्रार्थना कर सकते हैं। मस्जिद कॉम्प्लेक्स में ही मदरसा, हम्माम, म्यूज़ियम, सभागार, और पुस्तकालय है जिसे इस्लामिक दुनिया में सबसे विस्तृत लाइब्रेरी बताया जाता है। इसके आँगन में 41 छोटे-बड़े फव्वारे हैं। इसके बगीचे में लोग पिकनिक भी मनाते हैं। इसके प्रार्थना सभागार की छत, दीवारों और फर्श को देखते ही बनता है। इसमें हल्के गुलाबी रंग के संगमरमर का इस्तेमाल हुआ है जिसे अगादिर से मँगाया गया था।

भूमिगत पार्किंग से पैदल चलते हुए हम हसन दो मस्जिद के सामने तक पहुँचे जहाँ कुछ चीनी यात्री हमें मिले और उनके साथ हमने कुछ तस्वीरें विश्व में सबसे ऊँची मीनार वाली इस मस्जिद की निकालीं। मस्जिद के दाईं ओर जाने के लिए हमने पुन: कार का सहारा लिया और संभव रास्ते का अनुगमन करते हुए वहाँ की भूमिगत पार्किंग में कार जमा दी। वहीं से सीढ़ियाँ ऊपर की ओर जाती थीं जिनसे हम ऊपर पहुँचे तो हसन दो के खुले बराण्डे में निकल आए। मस्जिद में इस समय कुछ सफ़ाई

कर्मचारियों के अतिरिक्त कोई मौजूद नहीं था। यहाँ से हमने देखा कि हसन दो मस्जिद सीधा हसन दो म्यूज़ियम से जुड़ी हुई है। वास्तव में यह मोरोक्को की उन दो मस्जिदों में से एक है जिनमें गैर-मुस्लिम को प्रवेश कर सकते हैं। पर्यटकों को इस्लाम धर्म के अनुसार सभ्य लिबास में अंदर तक देखने की अनुमति है।

थोड़ा-बहुत जायज़ा लेने के बाद हम बाहर निकल आए और 'बुलेवर्ड अल हसन' पर टहलने के लिए निकल पड़े। ठंड बहुत थी और हवा के थपेड़े लग रहे थे। कॉर्निश बहुत सुंदर बना हुआ था और बच्चों के खेलने और बैठकर सुस्ताने के लिए मोहक बगीचे में बहुत-सी सुविधाएँ थीं। यहाँ से हसन दो की बढ़िया तस्वीरें बन रही थीं जिन्हें लेने में हम चूके नहीं।

यहाँ से मात्र साढ़े तीन किलोमीटर आगे ही 'एल हन्क' लाइटहाऊस था जो मस्जिद से भी दिखाई देता था। पर्यटन आकर्षण और सुविधाओं के अनुसार इसका विकसन तो नहीं किया गया है मगर इसके पास की ज़मीन समुद्र से ऊँचाई पर होने के कारण, विशाल समुद्र और अनछुए तट का सुंदर दृश्य उपस्थित होता था। तट का अनियमित रूप से ऊबड़-खाबड़ होना ही इसे खास बनाता था। चारों तरफ खुला होने के कारण हवा बहुत लग रही थी परंतु सूरज की मीठी-

मीठी किरणें तन और मन को सहलाती जाती थीं। सुबह-सुबह का समय होने के कारण सारा शहर सोता हुआ लगता था किंतु लाइटहाऊस के आस-पास दो-तीन बुजुर्ग जोड़े समय बिताते और मौसम का आनंद लेते हुए मिले। यहाँ कुछ समय अच्छा बीता।

यह प्रकाश-स्तम्भ 1916 में बनाया गया था। एल हंक नामक स्थान पर बने होने के कारण इसे यही नाम दिया गया। उस समय यह मोरोक्को का सबसे ऊँचा लाइट-हाऊस था। कोविड से पहले इसके अंदर 256 सीढ़ियाँ चढ़कर ऊपर जाया जा सकता था। वहाँ से शहर और समुद्र का अद्भुत नज़ारा मिलता था। इसकी लाइट 30 समुद्री मील तक जाती है। इसके बनने से पहले जहाज़ों के इस तट से टकराने के बहुत से दुखद किस्से हैं। इसकी अनुपस्थिति में खतरनाक कहा जाने वाला यह तट अब सुरक्षित और लालित्यपूर्ण है। यह स्थान ऊँचाई पर होने से इसके पास से ही दूर हसन दो मस्जिद भी दिखाई देती है।

इसके बाद हम पुन: 'मोरोक्को मॉल' गए वहाँ 'मारजेन' से मार्ग के लिए कुछ हल्के सूखे-नाश्ते की वस्तुएँ खरीद लीं। हमारे होटल के पास ही सफेद रंग का सुंदर-सा 'सेक्रेड हार्ट कैथेड्रल' था यानी पवित्र हृदय गिरजाघर जो उस स्थान को महत्त्वपूर्ण बनाता था। उसके पास से हम कई बार गुजरे। यद्यपि यह एक इस्लामिक देश है फिर भी ईसाइयों के लिए भी यहाँ प्रार्थना घर उन्हें अपने धर्म का पालन करने की स्वतंत्रता देते हैं।

सुबह होटल में नाश्ता आदि कर हम मराक्केश शहर के लिए निकले जहाँ होटल इम्पीरियल हॉलीडे आज रात के लिए आरक्षित किया हुआ था। यह दूरी 240 किमी. और सीधा पौने तीन घंटे का कार का सफ़र था। रास्ते में हम एक बार पैट्रोल भरवाने के लिए 'शेल' पर रुके। चाय पीकर खुद को तरोताजा किया और 'रेड सिटी' मराक्केश के लाल रंग में डूब जाने को आतुर चलते रहे। कहते तो इसे 'लाल शहर' हैं लेकिन वास्तविक रंग लाल से कुछ अलग ऐसे ही है जैसे हमारे दिल्ली के

अपने लाल किले का, बल्कि उससे भी कुछ भिन्न... पीला-भूरा-केसरिया-सा। सुराही या कत्थे का जो रंग होता है, वही इस शहर पर पुता हुआ लगता है।

मराक्केश के रास्ते में यूँ तो सड़क पर वाहनों की गति सूचित थी किंतु कहीं पर दूर-दूर तक कोई साइन-बोर्ड नहीं था। एक स्थान पर पुलिस ने हमारी कार रुकवाकर तेज़ गति का चालान वसूला।150 मोरक्कन दिरहम हमें पुलिस को देने पड़े। ऐसा प्रतीत हुआ कि वे केवल सैलानियों को देखकर उल्लू बना रहे हैं लेकिन ऐसा नहीं था। इसके बाद से हमने गूगल मैप की बजाय 'वेज़' एप पर रास्ता देखना शुरु किया जो लगातार सड़क पर अनुमत गति और वाहन की गति बताता रहता है। यह सावधानी बरतने के बाद से कोई चालान नहीं कटा।

मराक्केश शुरु होने से पहले ही कत्थई लाल रंग के मकान व रिहायशी इलाके दिखने लगे। यह रंगत सूरज की रोशनी में लपटों की तरह प्रतीत हो रही थी, साथ ही वातावरण को ऐतिहासिक महत्त्व प्रदान कर रही थी।

रंगों के कलात्मक नामकरण की दुनिया में इसे 'बर्न्ट सिएना' कहते हैं यानी मिट्टी के पकने के बाद पैदा हुआ रंग। हाँ, वही... जो कुल्हड़, कुलिया, सरैया का होता है, मिट्टी के दीपक का भी जिसे 'टेराकोटा' भी कहते हैं। आजकल यह 'सस्टेनेबिलिटी' का सूचक बन, इमारतों की दीवारों और फर्श पर अकसर मिलता है। यही रंग शहर मराक्केश का भी था।

होटल भी शहर के बीच में था तो सभी आकर्षक स्थल पास ही थे। कासाब्लांका के विपरीत मराक्केश में थोड़ी गर्मी थी। शाम को हमने 'बाहिया पैलेस' और 'एल-बादी पैलेस' देखने की योजना बनाई। वहाँ तक जाने के लिए कई बार किले की दीवारों में बने तंग गेट से गुजरना हुआ, जिससे लगता था कि मराक्केश शहर कभी इस चारदीवारी के भीतर ही बसता होगा जो अब बाहर निकल मीलों दूर तक फैल गया है। इस गेट का नाम पता करने पर 'बाब अग्नाऑ' मालूम हुआ जिसे हिंदी में 'शहर द्वार' भी कह सकते हैं। यह 1190 का बना हुआ है। इसी के अंदर 'कस्बा' शुरु होता है। यहाँ अनाज तथा अन्य कई प्रकार की थोक की दुकानें थीं। आगे तंग

रास्ते से कार ले जाना जोखिम का काम लग रहा था, सो, वहीं पर कार खड़ी कर पैदल आगे जाना उचित समझा। रास्ते में बहुत रुचिर गलियारा मिला जिसमें खाने-पीने व खरीदारी करने अर्थात् पर्यटकों के लिए पर्याप्त आकर्षण सामग्री विक्रय हेतु थी। इन दुकानों में अनेक धातुओं की सुंदर-सजावटी वस्तुएँ बिक्री के लिए सजी थीं। यह यहाँ का प्रसिद्ध **'टिनस्मिथ स्क्वैयर'** था। इसकी शोभा को शब्दों के चित्रों में लपेट पाना असंभव के निकट ही है। कुछेक चित्रों से इसका आस्वादन पाठकों को कराना भी बहुत कठिन काम है। इस समय इस पर अधिक समय न लगाते हुए हम सीधा लगभग एक किलोमीटर चलकर 'बाहिया पैलेस' तक पहुँचे। वहाँ पहुँचने पर मालूम हुआ कि ये दोनों महल चार बजे ही बंद हो जाते हैं।

अब हम 'जेमा-अल-फेना' की ओर पैदल चलने लगे। वास्तव में यह पूरा इलाका पैदल ही देखने योग्य है। पुराना शहर अपनी मूल व प्राचीन रौनक के साथ जीवित है। 'जेमा-अल-फेना' शहर के बीचोबीच छोटी-छोटी दुकानों से भरा एक ऐसा बाज़ार है जहाँ हर वस्तु मिलती है। रहवासी, प्रवासी और सैलानी सभी यहाँ खरीदारी करते पाए जाते हैं। सभी पर्यटक स्थल भी इसके चारों ओर ही विराजे हैं। इसके

उत्तर में कुतुबिया मॉस्क है, पश्चिम में मजोरेल गार्डन है, बाहिया पैलेस, एल-बादी पैलेस दक्षिण में हैं। यह सारा क्षेत्र ही 'मदीना' कहलाता है। वास्तव में 'मदीना' शब्द का अर्थ शहर होता है।

बाहिया से निकलते ही **'बाब-अल-मलेह'** नामक प्रवेश द्वार से हम लोकल सूक देखने के लिए प्रवेश कर गए। यह पारंपरिक गो़ल मोकले या दूसरे शब्दों में अंग्रेज़ी के उल्टे 'यू' जैसा आकार लिए ईंटों से जड़ा द्वार था। मुख्य गली से और भी कई गलियाँ इसी प्रकार के 'बाब' से अंदर को निकलती हैं जो कुल मिलाकर भूलभुलैया का अहसास दिलाती हैं। इस पूरे बाज़ार में पारंपरिक बेंत से बनी रोशनदान नुमा छतें थीं। सभी गलियों के दोनों ओर मसाले, प्राकृतिक तेल, इत्र, शृंगार, सजावट, मर्तबान, वस्त्र, बैग, कालीन, खाद्य आदि की दुकानें कतारों में सजी थीं। इन्हीं गलियों में **'सूक सेमारिन'** पड़ता है जहाँ हमने सिर ढकने के बहुत-से मर्दाने-जनाने स्कार्फ़ भी बाँध-बाँधकर देखे। इसमें हमें बहुत आनंद आया।

सजावट के सामान भी हमें आकर्षित किए बिना न रह सके। इसके बाद थोड़ी दूरी पर **'स्पाइस स्क्वैयर'** है। प्राकृतिक फूलों और जड़ी-बूटियों से निकाला हुआ 'ऑर्गन ऑइल' यहाँ बहुत प्रसिद्ध है। इन दुकानों के आगे तेल निकालने के यंत्र लगे हुए हैं जो पत्थर की चक्की से कुछ-कुछ मिलते-जुलते हैं।

इन्हें स्टैंड लगाकर कुछ ऊँचाई पर रखकर, बीजों को डालकर, चक्कीनुमा घुमाकर, निकलने वाले तेल को नीचे कुप्पी लगाकर एकत्र किया जाता है। हमने आग्रह कर उस चक्की को चलाया और उसमें से निकलते हुए तेल को चलचित्र में उतारा। ऐसी दुकानों पर ग्राहकों तथा पर्यटकों को आकर्षित करने के लिए एक कलाकारीयुक्त सुंदर चायदानी में जड़ी-बूटियों का रस पेय पदार्थ के रूप में बड़े आग्रह से पिलाया जाता है। ये चाँदी की केतली से छोटे-छोटे गिलासों में उँडेलकर पेश किया जाता है। इसे 'मोरक्कन टी' या 'मग़रेबी मिंट टी' भी कहते हैं। इन दुकानों के आगे खुली जगह में लकड़ी की कई मीटर बड़ी ट्रे में मसाले या तरह-तरह के फूल सूखते हुए देखे जा सकते हैं।

रास्ते में 'सूक स्माता' भी पड़ा जहाँ मोरक्कन जूते मिलते हैं। यह संकरी समानांतर गलियों में बसा हुआ बाज़ार है जहाँ केवल पैदल ही जाया जा सकता है। इसमें चमड़े के तथा अन्य पदार्थों के रंग-बिरंगे जूते बनते हैं। इनका आगे का भाग नुकीला व ऊपर को मुड़ा हुआ होता है जैसे हमारी राजस्थानी जोधपुरी जूतियाँ। अनेक रंगों व डिज़ाइनों में ये दुकानों में दीवार पर टँगी इस कदर भरी रहती हैं कि दुकानदार किस कलाकारी से एक को उतारकर दिखा देता है, हैरानी होती है। ये जूते इसी बाज़ार में बनते हुए भी देखे जा सकते हैं।

'जेमा-अल-फेना' तक पहुँचते-पहुँचते हमारे पैर जवाब देने लगे थे तो ताज़गी व स्फूर्ति के लिए ताज़ा संतरे व मौसम्बी का रस पियाजो कि 20 मोरक्कन दिरहम का था। इसकी कीमत बहुत वाजिब थी। 'जेमा-अल-फेना' एक बड़े खुले मैदान की तरह था जिसमें कुछ लाइन से और कुछ बेतरतीबी से दुकानें थीं। फल-सब्ज़ियों, खाद्य सामग्री के ठेले या खोखे आदि भी थे। विदेशी पर्यटकों का मजमा लगा था। यहाँ मदारी द्वारा साँप का तमाशा भी दिखाया जा रहा था। कुतुबिया मस्जिद की मीनार यहाँ से दिख रही थी जिसके पीछे से सूरज आँख-मिचौनी खेल रहा था।

इसी से आगे बढ़ते हुए 'सूक-अल-अत्तारिन' है जिसमें ताँबे की वस्तुएँ मिलती हैं। अनेक तरह की लालटेन, मढ़े हुए शीशे, टीपोट, लैम्प, सजावटी वॉल हैंगिंग आदि

बाज़ार को जीवंत बना रहे थे। समय होते हुए भी शिथिलता के अहसास ने हमारे पैरों में बेड़ियाँ डाल दीं। हम अपनी कार खड़ी करने के रास्ते पर लौट गए। रास्ते में फिर स्पाइस स्क्वैयर से निकलते हुए कुछ तस्वीरें लीं। बहुत-सी घोड़ा-गाड़ियाँ भी वहाँ पर्यटकों को लुभाने और घुमाने के लिए घूम रही थीं। सबको आँखों से दिल में उतारते हुए और स्मृति में बसाते हुए हम संध्या समय अब कार से 'मेनारा मॉल' आए। यह ईद उत्सव के प्रतीकों से भीतर-बाहर से सजी हुई थी। मॉल घूमने वालों का और रेस्तराँ में रोज़ा खोलने वालों का ताँता लगा हुआ था। हमने भी वहीं रात्रि-भोज किया। मॉल में आर्ट गैलरी थी जहाँ बहुत-से कलाकारों के चित्रों की प्रदर्शनी लगी हुई थी। कुछ समय हम मॉल में घूमे और आज के दिन का खाता बंद किया।

अगले दिन वर्तमान में खड़े हुए इतिहास में गोते लगाने का था। इस दिन हमारे चार मुख्य गंतव्य थे- बाहिया महल, एल-बादी महल, कुतुबिया मस्जिद तथा विले नोवेल। इसी विले नोवेल में 'माजोरेल गार्डन' भी देखना था।

महलों की दीवारों के बीच से निकलते रास्ते की फोटो लेने को हमारा कैमरा आज पूरी तरह तैयार था। 30 मार्च, आज रविवार का दिन था तो ट्रैफिक की वजह से गूगल और वेज़, दोनों ही हमें एक अलग रास्ते से बाहिया महल के पास वाली पार्किंग तक ले गए और अफ़सोस कि वे संकरे मार्ग हमारे रास्ते में पड़े ही नहीं। यहाँ बहुत-सी दुकानें थीं। यह 'मदीना' का ही एक हिस्सा था। यहाँ से पुन: 'टिनस्मिथ स्क्वैयर' से होकर गुज़रे तो आँखों में एक चमक पैदा हो गई। बाहिया पैलेस के आस-पास ऐसा ही वातावरण था जैसा दिल्ली के लाल किले के पास होता है- चहल-पहल और स्थानीय झाँकियों से भरपूर।

अरब देशों की परंपरा के अनुसार रविवार कामकाजी दिन था। बाहिया महल के मुख्य द्वार के बाहर स्थान-तख्ती अंग्रेज़ी और फ्रेंच भाषा में लगी थी। पैलेस की बाहरी दीवारें उसी कत्थई (बर्न्ट सिएना) रंग की थीं। महल में दाखिल होते ही वृहद प्रांगण हरियाली से परिपूर्ण पाया। उसी में टिकट काउंटर बना है। बाहिया पैलेस की 70-70 मोरक्कन दिरहम की दो टिकटें हमने खरीदीं।

यह 19वीं शताब्दी का एक आलीशान महल है। यह मोरक्कन शिल्पकला का नगीना है। यह आठ हैक्टेयर के भूमिक्षेत्र पर स्थित है जिसमें 37 हज़ार वर्ग मीटर में इमारतें खड़ी हैं। इसकी दीवारों की कारीगरी व चित्रकारी मन मोह लेती है। यह अपने समय का श्रेष्ठ महल है। अरबी के 'बाहिया' शब्द का अर्थ ही प्रभायुक्त या चमकीला होता है।

इसे 1866 में अबु इमरान मूसा बिन अहमद बिन मुबारक ने बनवाया था। 1894 में अहमद बिन मूसा ने इसे और भी विशालता प्रदान की। उन्नीसवीं शती के अंत में सि मूसा, जो कि सुल्तान के मुख्य वज़ीर थे, ने अपने लिए इसे प्रयोग किया। इसका नामकरण भी उसी की पत्नी के नाम पर किया गया। इसमें एक बड़ा कक्ष है जो कि छोटे-छोटे अंदरूनी कमरों से घिरा है, उसकी उपपत्नियों के सहवास के लिए बनाया गया था। फ्रेंच संरक्षण के दौरान बाहिया महल वर्ष 1956 तक चीफ़ मार्शल का मुख्यालय रहा। 1956 में स्वाधीनता मिलने के बाद इसे राजसी निवास के समान प्रयोग किया गया। और 1998 में शासक हसन द्वितीय के आदेश से संस्कृति मंत्रालय की देख-रेख में राष्ट्रीय ऐतिहासिक स्मारक के रूप में आम जनता के लिए खोला गया।

बाहिया महल में एक छोटा 'रियाद', संगमरमर का छोटा आँगन, विशाल खुला आँगन, 'हॉल ऑफ ऑनर', 'सि मूसा रियाद', 'प्राइवेट पवेलियन', 'डार सबून स्नानागार', स्कूल, मस्जिद आदि हैं। मोरोक्को में बहुत से स्थानों के नामों में 'डार' या 'रियाद' शब्द लगा हुआ होता है। 'डार' को एक आम मकान की तरह देखा जा सकता है जिसमें एकाध कमरा और कुछ खुला स्थान हो। अगर एक बड़े घर में कई कमरे केंद्रीय आँगन के चारों ओर बने हुए हों तो उसे 'रियाद' कहा जाता है।

बाहिया महल के विशाल कक्षों से गुजरते हुए हम छोटे आँगन में पहुँचे। इसकी दीवारें अनेक सभ्यताओं की मिश्रित कारीगरी से निर्मित हैं। लगभग सभी फर्श रोमन 'मोज़ेक' से बने हैं और दरीचे, छज्जे व छत पारंपरिक मोरक्कन शिल्प से निर्मित हैं।

छतों पर काठ की मनभावन कारीगरी और ठीक केंद्र में झाड-फ़ान्नूस लटकते हैं।

आँगन की क्यारियों की बाड़ लकड़ी की नक्काशीदार जाली से बनी हैं और एक छोटा फव्वारा भी इसके मध्य बना है जो अब सूखा हुआ है। क्यारी बड़े-बड़े और नन्हे पौधे, हर तरह की वनस्पति से आबाद है। दिन के उजाले के छनकर आने के पुख्ता प्रबंध हैं। यहाँ पर भेड़ें बहुत पाई जाती हैं अत: एक कक्ष में तरह-तरह की ऊन तथा बुनाई मशीन भी प्रदर्शित थी। एक स्थान से दूसरे स्थान जाने के गलियारों में मिट्टी के कारीगरी-युक्त मर्तबान, टोंटी तथा हत्थे वाले मिट्टी के बर्तन भी सजे हुए थे। प्रतीत होता

था, कुंभकारी यहाँ का देशी पेशा रहा होगा। हस्तशिल्प की वस्तुएँ जैसे टोकरी, चक्की, छाज आदि भी मौजूद थे।

आठ हज़ार वर्ग मीटर में बने विशाल खुले आँगन के साथ ही गलियारे में 'हमाम' (स्नानघर) भी मौजूद है, जहाँ दुनिया भर में प्रसिद्ध 'मोरक्कन बाथ' की निर्मिति है। यहीं हमें पता चला कि इतना प्रबल मोरक्कन स्नान इसलिए किया जाता था क्योंकि यहाँ सप्ताह में एक बार नहाने का प्रचलन था। सोचा कि ठंड के कारण ऐसा चलन पड़ा होगा। इस बड़े आँगन में बड़े फव्वारे के साथ-साथ छोटा फव्वारा भी था। पूरा महल देखने में करीब डेढ़ घंटा लगा। बाहिया के बाहर ही 'ले मिनारा' कैफेटेरिया में कुछ जलपान आदि कर पैदल ही 'एल-बादि पैलेस' की ओर निकले। इसके प्रवेश द्वार से उसके प्रवेश द्वार की कुल दूरी मात्र आधा किलोमीटर ही है। चारों ओर के बाज़ार की चहल-पहल का आनंद लेते हुए हम वहाँ पहुँच गए। यहाँ भी 70 दिरहम प्रति व्यक्ति की दर से टिकट खरीदी गई।

घुमक्कड़ों के कथनानुसार बाहिया और बादि में से बाहिया अधिक दर्शनीय है किंतु हमें बादि पैलेस अधिक भाया क्योंकि यह ठेठ मोरक्कन वास्तुशिल्प का प्रारूप और जीवित इतिहास साक्षात खड़ा हुआ हो, ऐसा भान होता है। मराक्केश के 'सिबात न्हास' इलाके में 'जेमा-अल-फ़ेना' से मात्र एक किलोमीटर की दूरी पर बने हुए बादि महल के अवशेष 4 शताब्दी पूर्व की दुनिया में ले जाते हैं। इसका क्षेत्र 15000 वर्ग मीटर में फैला है जिसे देखने में खासा समय लगता है। एक समय में मोरोक्को की शान में ताज रहा हुआ, एल-बादि महल 'सादिया' साम्राज्य की विरासत है। इसे 16वीं सदी के उत्तरार्ध, 1578 में स्वर्ण-शासक कहलाने वाले सुल्तान अहमद अल-मंसूर ने पुर्तगाल के युद्ध को जीतने के प्रतीक स्वरूप बनवाया था। यह मोरक्कन और यूरोपी शिल्पकला के मिश्रण से बनाया गया था। इसे मोज़ेक यानी पच्चीकारी के बारीक काम, संगमरमर के खम्भों और सुंदर नक्काशी से सजाया गया था। इसके निर्माण के लिए अलग-अलग स्थानों व विदेशों से सामान मँगवाया गया था। संगमरमर के स्तम्भ इटली में बनवाए गए और चूना तथा पलस्तर माली देश के टिम्बक्टू से लाया गया। इसके निर्माण के बाद सुल्तान ने कस्बा छोड़

यहाँ निवास आरंभ किया। यह सुल्तान तथा उसकी 500 उपस्त्रियों की रिहाइश भी था। इसी के भू-गर्भ में कारागार भी था जहाँ मुजरिमों को सज़ा दी जाती थी।

यद्यपि समय की मार ने इसके उच्च कोटि के शिल्प को तहस-नहस कर दिया है तथापि इसके धँसे हुए बगीचे, अवशिष्ट सीढ़ियाँ, प्रतिबिंबदान ताल-तलैया इसके प्राचीन वैभव की कथा फुसफुसाते प्रतीत होते हैं। अपने समय में इसमें 350 कमरे, शानदार फव्वारे, बड़ा प्रांगण इस्लामिक दुनिया के लुभावने आश्चर्य का निर्माण करते थे। 17वीं शताब्दी में धन-ऐश्वर्य व शक्ति के इस प्रतीक का ह्रास होना आरंभ हुआ। सुल्तान मूले इस्माइल ने यहाँ निवास करने की बजाय इसे छोड़ना पसंद किया और इसकी सौंदर्य-सम्पन्न सम्पत्ति उखाड़कर मेक्नेस के नए महल में जड़वाई और इसे निरावरण-विवसन हालत में छोड़ दिया। ।

इस पूरे महल का कत्थई-मटमैला या सिंदूरी रंग इसे मराक्केश की मुख्य पहचान बनाता है। इसके लम्बे खुले परकोटे के मध्य घूमते हुए, इसकी नष्ट-भ्रष्ट प्राचीर पर चढ़ पैनोरमा दृश्य का आनंद लेना, इसके ढहे हुए कमरों की टूटी दीवारों पर बैठ स्वयं को अतीत की कोख में महसूस करना बहुत आह्लादकारी है। इसके चबूतरों पर चलते गहरे धँसे पड़े बाग आज भी आकर्षित करते हैं। इनमें संतरे और मौसम्बी के अनेकोंनेक पेड़ इस समय फलों से लदे हुए थे। पानी से भरे तालाब और उसमें एल-बादि का प्रतिबिंब अद्वितीय रूप से सौंदर्यशाली बन पड़ता है। शब्द एल-बादि का हिंदी अर्थ ही अद्वितीय है जो इन भग्न अवशेषों में सर्वथा सत्य बन कर उतरा है। जिन्हें एथेंस के एक्रोपोलिस देखने हैं, उनके लिए यह स्थान सर्वथा उपयुक्त है। इसके भग्नावशेष इसकी भव्यता का स्पष्ट अहसास कराते हैं।

एल-बादि कॉम्प्लैक्स में एक छोटा संग्रहालय भी है जो हमें मोरोक्को के बनने-बिगड़ने की बहुत-सी कथाएँ बताता है। मराक्केश के निर्माण की एक दिलचस्प कहानी इस प्रकार है- मराक्केश से 35 कि.मी. दूर 'अघमत' स्थान की प्रसिद्ध ऐतिहासिक स्त्री ज़ैनब अन-नफ़ज़ौइया के राजनीतिक व्यक्तित्व का प्रभुत्व लगभग पचास वर्षों तक छाया रहा। वे शहर के एक के बाद एक लगातार चार अमीरों की प्रभावशाली पत्नी रही थीं। इनमें से अल्मोराविद के 'अमीर' (राजकुमार) अबू बक्र इब्न उमर तथा यूसुफ़ इब्न तचफ़िन पहले व दूसरे पति रहे। वे 1039 के आसपास अघमत में धनी व्यापारी इशाक अल-हौआरी के घर जन्मीं। उन्हें अच्छी परवरिश और शिक्षा-दीक्षा मिली। वे अपनी प्रखर बुद्धि और राजनीति की समझ के लिए प्रसिद्ध थीं जिसने उन्हें शासन में प्रतिष्ठित किया। इस प्रकार उन्होंने यूसुफ़ इब्न तचफ़िन को परामर्श देकर अल्मोराविद साम्राज्य के मामले सुलझाए। कहा जाता है कि वे 'मराक्केश' की स्थापना करना चाहती थीं और स्थानीय जनजातियों के साथ समझौते के परिणाम में 'अमीर' (राजकुमार) को इसके निर्देश दिए थे। इस प्रकार शासन कर रहे चार अमीरों की पत्नी व परामर्शदाता बनकर नेपथ्य से उन्होंने राज किया और मराक्केश के विचार को आकार दिया।

मराक्केश के शुष्क-गर्म मौसम के बारे में सुना था और आज उसे ऐसा ही पाया भी। 'एल-बादि पैलेस' की सुंदरता गर्मी से तप आए मन को ठंडक पहुँचाती थी किंतु सूरज की किरणें तन में सुइयाँ-सी चुभोती थीं। एल-बादि संग्रहालय अवश्य इतिहास में गोते लगाने के साथ-साथ ताल में तैरने की सी राहत देता था। उसी के बाहर बैठने के लिए बैंचें लगी थीं जिन पर कुछ पल पैर सीधे कर हम 'कुतुबिया मस्जिद' की ओर निकले जो वैसे भी हमारे रास्ते में ही थी। यहाँ कार खड़ी करने के लिए एक पार्किंग जुटाना बहुत मुश्किल हुआ। प्राइवेट सशुल्क पार्किंग में जगह मिली जहाँ से मस्जिद के पास हम पीछे की ओर पहुँचे। हमने कुतुबिया मस्जिद को पास जाकर देखा। यह हसन द्वितीय मस्जिद का एक छोटा प्रतिरूप जैसी लग रही थी। बाहरी रंग इसका भी उसी लाल रंग का था जिसमें रसाबोर होने हम मराक्केश आए थे।

यह मराक्केश की बहुत महत्त्वपूर्ण प्राचीन मस्जिद है। 1158 में जब यह बनकर तैयार हुई थी तब यह इबादत के लिए सबसे विशाल स्थानों में गिनी जाती थी। 1141 में इसका निर्माण आरंभ हुआ। यह भी उसी लाल सिंदूरी पत्थर से बनी है जिसके लिए यह शहर जाना जाता है। इसके क्षेत्रफल की लम्बाई चौड़ाई 60 मीटर व 90 मीटर है। इसकी सुगठित मीनार 226 फुट ऊँची है। यह आज भी मराक्केश में सबसे ऊँची जगह है। 'कुतुबिया' शब्द किताब से बना है जिसका अर्थ है- पुस्तक विक्रेता। उस समय इसके चारों तरफ़ बहुत-से पुस्तक स्टैंड थे जहाँ किताबें बिक्री के लिए रखी जाती थीं।

इसमें गैर-इस्लाम को प्रवेश की आज्ञा नहीं है। पर्यटक इसका दर्शन बाहर से ही कर सकते हैं। यहाँ हर समय आने-जाने वालों, विक्रेताओं और खरीदारों का ताँता लगा रहता है। 'जेमा-अल-फ़ेना स्क्वैयर' के ठीक विपरीत होने के कारण यहाँ रौनक बनी रहती है। दर्शनीय स्थानों में प्रमुख होने के कारण इसके बाहर भी घोड़ा-गाड़ियाँ खड़ी रहती हैं जो पैदल चलते हुए थके-माँदे मुसाफ़िरों को सेवा प्रदान करती हैं।

इसके बाद हमने विले नोवेल और 'माजोरेल गार्डन' देखना था किंतु धूप व गर्मी के कारण हिम्मत नहीं जुटा सके। वापस कासाब्लांका तक ड्राइव भी करना था। अत: कुछ भोज्य पदार्थ का सेवन करने के बाद हमने ड्राइव करने का फैसला किया। कोशिश थी कि शाम को वहाँ पहुँचकर 'रिक्स कैफे' का लुत्फ़ उठाया जाए।

रास्ते में एक पैट्रोल पंप पर गाड़ी और स्वयं को आराम देने के लिए हम रुके। कैफ़े में चाय-पानी पीते हुए बाहर लगा पटरी-बाज़ार बहुत लुभा रहा था। उसे देखने आए तो मोरक्कन कुंभकारी, पौटरी और मर्तबानों का समुंदर देखकर दंग रह गए। लगभग आधे किलोमीटर दूर तक फुटपाथ पर यह बाज़ार लगा हुआ था जो तप्त मौसम में सुधा बरसा रहा था। इस बाज़ार को जितना देखो यह उतना ही नवीन लगता जाता है। सामान को ईश्वर के भरोसे छोड़ विक्रेता उदर तृप्ति के लिए गए हुए जान पड़ते थे। वस्तुओं का दाम बताने वाला कोई उपस्थित न था। हमने कुछ सुंदर-सी तस्वीरें निकालीं और कार में सवार हो आगे बढ़ गए।

इस दिन के लिए हमने कासाब्लांका का होटल 'आइबिस वोयेजर्स' बुक कराया था। इसका कारण यह था कि यह होटल बुलेट ट्रेन स्टेशन से सटा हुआ था जहाँ से बुलेट ट्रेन की सवारी कर हमने अगले दिन तान्जिर जाना था। होटल में अपना सामान रख हम 'मरीना मॉल' के लिए निकले। रास्ते में मैट्रो, ट्राम, ट्रेन का सुनियोजित जाल बिछा देख कासा शहर के इंफ्रास्ट्रक्चर की तारीफ़ किए बिना न रह सके। कासा में यह हमें पहले नहीं दिखा था।

इस दिन यू.ए.ई. में ईद हो चुकी थी लेकिन मोरोक्को में रमादान का आखिरी रोज़ा था। हम मॉल के सुनसान मिलने के लिए मानसिक तौर से तैयार थे। लेकिन मॉल की गहमा-गहमी ने हमें सुखद आश्चर्य में डाल दिया। 'रिक्स कैफे' पास में ही था और अभी बंद था जिसमें घुसने के लिए लम्बी कतार लगी थी। हमने एक चक्कर पास में बने 'अरसत ज़र्कतूनी' पार्क का काटा। कतार तो कम हो गई थी किंतु दरबान ने बिना रिज़र्वेशन कैफे में प्रवेश न करने दिया और पूरी तरह से बुक होने के कारण सीट रिज़र्व भी न हो सकी। इसकी बहुत तारीफ़ सुनी थी पर मन मसोसकर रह जाना पड़ा।

बहुधा ऐसा होता है कि हम किसी स्थान को सिनेमा के पर्दे पर देखते हैं तो उसकी वैसी ही कल्पना हमारे मन में घर कर लेती है। उस स्थान पर जाने का मौका मिलने

पर हम वहाँ अपनी कल्पना में बसा और सिनेमा में देखा हुआ दृश्य तलाशने लगते हैं। कुछ ऐसी ही घटना रिक्स कैफ़े के निर्माण से जुड़ी हुई है।

एक अमेरिकन राजनयिक कैथी क्रिगर इस यादगार चलचित्र 'कासाब्लांका' की बहुत बड़ी प्रशंसक थी। यह फ़िल्म युद्ध के समय में प्रेम और राजनैतिक जासूसी के इर्द-गिर्द घूमती है। यह धोखा, खतरा, प्यार और बेवफाई की कहानी है। कैथी ने यह फ़िल्म पोर्टलैंड में देखी और मोरोक्को में अपनी नियुक्ति के बाद वह हैरान रह गई जब उसे पता चला कि कासाब्लांका में रिक्स कैफ़े जैसा कोई कैफ़े है ही नहीं। उसने इस व्यवसायिक अवसर को भाँपा और स्वयं रिक्स कैफ़े बनाने का निर्णय लिया। इसके लिए उसे कई मुसीबतों और विरोध का सामना भी करना पड़ा।

उसने रिक्स कैफ़े में सब वस्तुएँ वैसी ही बनाईं जैसी कि फ़िल्म में दर्शाई गई थीं। यह एक तरह से टाइम-मशीन में जाकर इतिहास को वर्तमान में ले आने जैसा था। दर्जनों मेहराबों से सजा खाने का हॉल, बड़े झाड़फन्नूस, मोती जड़े लैम्प, बड़े पियानो के साथ अपने इतिहास को जगाए रखता है और इन स्मृतियों को सोने नहीं देता। अब इसके सहारे सभी पिछले समय की सैर कर एक दूसरी ही दुनिया में पहुँच जाते हैं और फ़िल्म के सेट में होने का मज़ा लेते हैं।

वास्तविकता जो भी रही हो, हमने तो फ़िल्म 'कासाब्लांका' वैसे भी न देखी थी तो इन खट्टे अंगूरों को हमने ऐसे ही जाने दिया और मरीना मॉल में आ गए। मॉल के बाहर एक निर्माणाधीन बिल्डिंग पर बड़ा-सा होर्डिंग लगा था जिस पर अरबी, अंग्रेज़ी, जापानी, रूसी, स्पेनी के साथ ही हिंदी में भी लिखा था – 'एक्सपो संग्रहालय, आकाश के संदेशवाहक उल्कापिंड उत्पत्ति'। यह देखकर अतीव खुशी हुई। मॉल में घुसते हुए दो महिलाओं ने हमें देखते ही हाथ जोड़कर 'नमस्ते इंडिया' कहा तो जवाब में नमस्ते कहते हुए हमारी बत्तीसी व बाँछें दोनों खिल गईं। हिंदी और हिंदुस्तानी का यह सम्मान हमें भिगो गया।

मॉल के अंदर हाइपरमार्केट तो इफ़्तारी के लिए बंद होने जा रही थी लेकिन बाकी बहुत-सी दुकानें खुली थीं। यहाँ का वातावरण भी खुला था और सूरज की रोशनी

भी इसमें प्रवेश कर पा रही थी तो यहाँ 'मोरक्को मॉल' के दमघोंटू अहसास के विपरीत उमंगभरा अनुभव हुआ। मॉल में ईद के जश्न की तैयारी चरम पर थी। मुख्य केंद्र में मीनार, लैम्प, चाँद की सजावट ईद की घोषणा कर रही थी। हम कई तलों पर घूमे। दूसरे तल के बाहर हमें कई रेस्टोरेंट और छज्जे पर बैठने की जगह दिखाई दी तो हम उस ओर बढ़े। हमें यह तनिक भी अहसास नहीं था कि इस छज्जे से अथाह 'अटलांटिक महासागर' के निर्बाध दर्शन होंगे। वहाँ ठंडी हवाओं ने थकान को दूर पटक ताज़गी शरीर में भर दी। इस छज्जे से 'कासाब्लांका पोर्ट' भी दिखाई दे रहा था। समुद्र का किनारा मुम्बई की मरीन ड्राइव की भाँति लग रहा था।

इसके बाद कासा के मुख्य आकर्षणों में देखने के लिए अब 'होबूस मदीना' ही बचा था। यह यहाँ की पारंपरिक वस्तुएँ और स्मृति-चिह्न खरीदने के लिए अच्छी जगह मानी जाती है। हम रात्रि-भोज कर मरीना मॉल से निकले तो होबूस देखते हुए जाने का विचार किया। यह आठ बजे के लगभग बंद हो जाती है और उस दिन तो ईद की तैयारी में शायद कुछ पहले ही बंद हो गई थी। कार को हमने यू-टर्न दिलाया। हमें भी अगले दिन तान्जिर के लिए निकलना था।

होटल पहुँचकर हमने एक बार 'कासा वोयेजर्स ट्रेन स्टेशन' के अंदर जाकर प्लेटफार्म इत्यादि देख आने की सोची। यह तो स्टेशन भी किसी मॉल जैसा ही था। फैशन के सामान की कई दुकानें थीं, भोजन के लिए भी। यात्रियों के लिए 'लाऊंज' भी थे। हमने ऑनलाइन जाकर पहले से ही तान्जिर आने-जाने की दो टिकट खरीद रखी थीं। बुलेट ट्रेन 'अल बोरक' का किराया 50 अमेरिकन डॉलर प्रति व्यक्ति एक ओर से था, अत: आने-जाने की दो टिकटें हमें कुल 200 डॉलर की पड़ीं। अपनी टिकट की जाँच कराकर अपने प्लेटफॉर्म को चीह्नकर हमने तसल्ली पाई।

अगले दिन सुबह नाश्तादि निबटाकर कुछ सामान आइबिस के क्लोक रूम में जमा कर, ज़रूरी सामान लेकर होटल से निकल सीधा स्टेशन में 9 बजे पहुँच गए। स्टेशन व होटल में कोई विभाजक दीवार, बाड़ या रेखा भी नहीं थी सो पैदल ही ट्रॉली बैग लेकर आना आसान हुआ। स्टेशन पर सीढ़ियों के अलावा लिफ़्ट भी है ताकि

सामान सुविधा से प्लेटफॉर्म तक ले जाया जा सके। 10 बजे की बुलेट ट्रेन थी। एक घंटा स्टेशन का मुआयना किया। कुछ तस्वीरें आदि निकालीं और 20 मिनट पहले नियत प्लेटफॉर्म पर आ गए। ट्रेन बिल्कुल सही समय पर थी। ट्रेन यहीं से शुरु होती है तो 10 मिनट चढ़ने के लिए भरपूर समय देकर अपनी गति से गंतव्य को चल पड़ी। दिन में लगभग हर एक घंटे पर तान्जिर के लिए बोरक ट्रेन कासा से निकलती है। ढाई घंटे के पूरे सफर में यह बस दो ही स्टेशनों पर रुकती है- रबात और केनित्रा। 350 किलोमीटर की दूरी यह 2 घंटे में तय करती है। स्टेशनों से निकलने के बाद यह तीव्र-गति ट्रेन, बीच में 200 किमी/घंटा तक की अधिकतम रफ़्तार पकड़ती है।

स्टेशन पर व ट्रेन में साफ-सफाई का अच्छा प्रबंध है। यह दो तल वाली ट्रेन है जिसे हम डबल डेकर भी कह सकते हैं। ऊपर 'फर्स्ट क्लास' व नीचे इकोनोमी श्रेणी की सीट रहती हैं। दोनों ही डेक पर सूटकेस रखने के स्थान दिए गए हैं। अच्छे शौचालय भी बिल्कुल हवाई जहाज़ जैसे बनाए गए हैं। यह अपने आप में पूरे अफ्रीका में पहली अपने किस्म की ट्रेन है। यह मोरोक्को की राष्ट्रीय रेल कम्पनी 'ओ.एन.सी.एफ' के द्वारा चलाई जाती है।

इसका नामकरण 'अल बोरक' शासक मोहम्मद षष्ठम् द्वारा किया गया। इस्लामिक मान्यता के अनुसार 'बोरक' नामक प्राणी ने नबी (प्रोफेट) मुहम्मद को मक्का से जेरुसलम तक, 1650 किलोमीटर की यात्रा एक रात में करवाई थी। इसकी तीव्र गति से समानता मानते हुए इस बुलेट ट्रेन को 'अल बोरक' नाम दिया गया है। तान्जिर पहुँचने से पूर्व ही पहाड़ियों की शृंखलाओं पर लाल छत वाले सुंदर घरों के मोहक दृश्य ने हमारे कैमरे को आकर्षित कर लिया और चलती ट्रेन से कई तस्वीरें हमने निकालीं। अपने साथ लाए हुए कुछ सूखे मेवे टूँगते हुए हम सवा दो घंटे में तान्जिर के 'तान्जिर विले' स्टेशन पर पहुँच गए।

तान्जिर में पाँच दिन व्यतीत कर हम पुन: कासाब्लांका में थे। तान्जिर के विस्तृत अनुभवों के लिए एक अलग यात्रा-वृत्तांत की रचना अधिक सुविधाजनक है।

तान्जिर के बारे में 'जिब्राल्टर जलसंधि कराता तान्जिर' नाम से सम्पूर्ण वृत्तांत लिख छोड़ा है।

मोरोक्को में कासाब्लांका ऐसा गंतव्य था जहाँ बार-बार टिकना था। यहाँ से दक्षिण दिशा की ओर मराक्केश शहर देखना था और उत्तरी-पूर्व दिशा में तान्जेर जाना था। तो यह बीच में हर जगह के लिए यातायात को जोड़ने वाला ठहराव स्थान बन गया। यहाँ हमने तीन रातें बिताईं किंतु दिन के कुछ घंटे ही बिताए और वह भी किश्तों में। आज उसी की आखिरी किश्त थी। दोपहर तक का समय हमारे पास था क्योंकि शाम की हमारी कासा एयरपोर्ट से दुबई की फ़्लाइट थी।

इस दिन के लिए हमने कार किराए पर न लेकर टैक्सी का प्रयोग करना उचित जाना। वैसे भी टैक्सी की सेवाएँ पूरे मोरोक्को में बहुत अच्छी हैं और दाम भी मुनासिब हैं। कभी-कभी विदेशी अनजान जानकर वे मुसाफिरों से ज्यादा किराया वसूलने की कोशिश कर ही लेते हैं।

'क्वार्टिर हबूस' या न्यू मदीना, कासाब्लांका का एक हलचल वाला स्थान है। यह मोरोक्को और फ्रांस के स्थानीय स्थापत्य का सामंजस्यपूर्ण सम्मिश्रण है। बढ़ती हुई आबादी को स्थान देने तथा शहरीकरण की दौड़ में परंपरागत मोरोक्को का संरक्षण करने के इरादे से इसे 1930 में बनाया गया था। यह एक स्थान शहर के समृद्ध इतिहास और विविध प्रभावों को एक संगत में दर्शाता है।

हम जल्दी ही पहुँच गए थे। दुकानें अभी खुल ही रही थीं। मुख्य वाहिनी सड़क पर पैदल चलते हुए हम होबूस मदीना से बाहर सड़क तक आए तो वहाँ पुलिस का कड़ा पहरा और सैनिकों के तैनाती देखकर चौंके। गौर से देखा तो पाया कि यहाँ मोरोक्को का रॉयल पैलेस है, इसी कारण इतनी गहमा-गहमी है। एक पुलिस वाले से पूछने पर पता चला कि आज वहाँ कोई बड़ी मीटिंग है जिसके कारण इतने चाक-चौबंद के पुख्ता इंतजाम किए गए हैं। थोड़ा हिचकिचाते हुए दूर से ही पैलेस की तस्वीरें हमने ले लीं।

'होबूस मदीना' अपने आप में पूरा शहर समेटे हुए है। यह कतारबद्ध वृक्षों की वीथिकाओं से घिरा हुआ और सुथरे गलियारों के बीच बना हुआ है। इसमें बाज़ार तो हैं ही, मस्जिद, अस्पताल, पुलिस चौकी, शिक्षण संस्थान, पार्क आदि भी हैं। एक पार्क में सूर्यघड़ी भी बनी हुई है। इसे देख दिल्ली का जंतर-मंतर याद आ गया।

फिर लौट के होबूस मदीना आए। इसकी निर्मिति ऐसी थी जैसे दिल्ली के क्नॉट प्लेस की दुकानें हैं लेकिन ये पूरी तरह से फ्रेंच- मोरक्कन स्टाइल की बनी हुई थीं। एक बड़े गेट से निकलकर दुकानें छनते हुए एक और गेट और फिर इसी प्रकार एक और, अंतहीन दुकानों का

सिलसिला जारी था। इनमें हर प्रकार का घरेलू और सजावटी समान उपलब्ध था। स्थानीय वेषभूषा और सिर ढकने के स्कार्फ़ भी थे। भाँति-भाँति की मोरक्कन पारंपरिक हस्तशिल्प की वस्तुएँ, चमड़े से बना हुआ सामान और मसाले आदि बहुतायत में थे।

हमें कई वस्तुएँ पसंद आ गई। यहाँ बहुत मोल-भाव करना होता है। वस्तुएँ के निश्चित रेट लिखकर नहीं लगाए होते तो सदा ही लुटने का सा भाव बना रहता है। थोड़ा मोल भाव कर कुछ सजावटी सामान खरीद लिया गया। मार्केट का पूरा चक्कर लगाकर हम देख चुके थे। समय की सीमा को समझते हुए हमने टैक्सी बुलाई और होटल आ गए।

जो कुछ भी देखना या घूमना सोचकर हम आए थे, उससे कुछ अधिक ही हम इन आठ दिनों में घूमे थे। कुछ देर विश्राम कर अब हम संतुष्ट रूप से होटल से सामान उठाकर एयरपोर्ट के लिए चल पड़े थे। इस यात्रा के बाद दुबई तक की यात्रा एक बार फिर हमें हमारे पसंदीदा 'इस्तानबुल एयरपोर्ट' से ले जाने वाली थी। शायद विविधतापूर्ण इस देश में पुन: आगमन न हो किंतु मन यहीं बस गया हो जैसे।

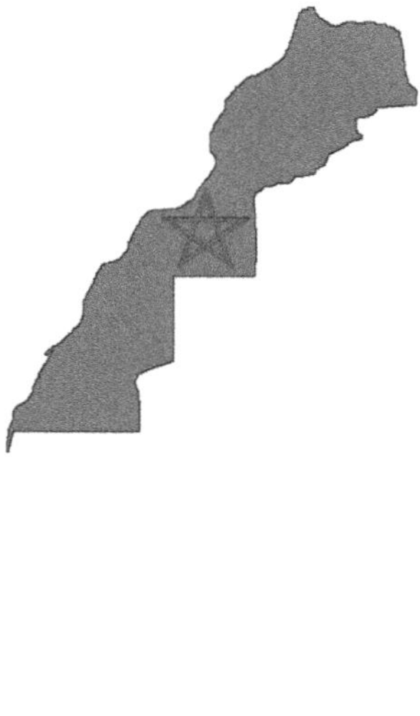

जिब्राल्टर जलसंधि कराता 'तान्जिर'

तान्जिर शहर के नाम के उच्चारण में बहुत दुविधा थी। लैटिन में यह 'टिंगिस' था, पुर्तगाली भाषा में 'टैंजेर', स्पैनिश में टांजीर, फ्रैंच में 'तान्जे', अंग्रेज़ी में आने के बाद 'तान्जीयर' जैसा हो गया। इसका अरबी नाम 'तंजाह' है। सभी विदेशी इसे तान्जिर कहते हुए मिले तो वही हमने भी पकड़ लिया।

तान्जिर मोरोक्को में बंदरगाहों के लिए जाना जाने वाला शहर है। यह मोरोक्को की ग्रीष्मकालीन राजधानी भी है। इसकी स्थिति बहुत रणनीतिक है। यह स्ट्रेट ऑफ़ जिब्राल्टर पर मौजूद है। यह जलस्थल ही स्पेन को अफ्रीका महाद्वीप से अलग करता है। इस स्थान पर भूमध्य सागर जिब्राल्टर स्ट्रेट से होकर अटलांटिक महासागर से मिलता है यानी यह दो विशाल और विशालतम जलदेहों की संधि कराता है। इसे यूरोप का प्रवेश द्वार भी कहते हैं। इसी कारण यहाँ के निवासी स्वयं को आधा यूरोपीयन ही मानते हैं।

तान्जिर विले स्टेशन 'अल बोरक' लाइन का आखिरी पड़ाव है। स्टेशन के पास ही 'हिल्टन तान्जिर सिटी सेंटर' और 'तान्जिर सिटी मॉल' हैं जो इस स्टेशन को यात्रियों से सदाबहार किए रहती हैं। यह स्टेशन केवल बुलेट ट्रेन का ही नहीं, अन्य सामान्य ट्रेनों के लिए भी है अत: यह सदा भरा हुआ और आबाद रहता है।

यह स्टेशन भी 'कासा वोयेजर्स' जैसा ही सुंदर था। शायद उससे कुछ और बड़ा भी था। इसमें बने शॉपिंग सेंटर को निहारते हुए हम इसकी इमारत से बाहर आए तो दो

तरह की टैक्सियाँ दिखीं। छोटी नीली टैक्सी की बजाय हमने सफेद टैक्सी करने की वही गलती की जो अकसर नए मुसाफ़िर किया करते हैं। नीली टैक्सी तीन सवारियों को बिठा सकती है और शहर के भीतर के लिए होती है जबकि सफेद वाली शहर के बाहर के लिए, एयरपोर्ट के लिए आदि-आदि। हम इसकी झक्क सफेदी से आकर्षित हो गए और मात्र साढ़े तीन किलोमीटर दूर अपने होटल तक का भुगतान तीन-चार गुना पैसे देकर किया। 'ऑक्सीडेंटल' होटल 4 दिन के लिए पूर्व ही आरक्षित कराया हुआ था।

आरक्षित तो किराए की कार भी कराई हुई थी किंतु दिए हुए नम्बर पर कई बार फोन घुमाने पर भी कोई कॉल उठाने को तैयार नहीं था। घंटे भर में होटल के चेक-इन का काम हुआ तो हमने किराये की कार के दफ्तर जाना उचित समझा। किस्मत से दफ्तर खुला था और उसमें कर्मचारी हमारी प्रतीक्षा कर रहा था। हमें दो-तीन घंटे यूँ ही फोन करने में गँवा देने का अफसोस हुआ। खैर, कागज़ी कार्यवाही पूरी कर हमने कार ली तो ऐसे लगा जैसे किसी ने हमारी बेड़ियाँ खोल कर पंख लगा दिए हों। बिना कार के हमें बहुत असहाय महसूस हो रहा था। मनुष्य अपनी ही आदतों का गुलाम ऐसे ही होता है।

तान्जिर में 4 दिन ठहरने की योजना थी। जानकारों ने बताया था कि यह हमें बहुत पसंद आने वाला है। इस दिन और अगले दिन तान्जिर के स्थानीय दर्शनीय स्थल घूमकर तीसरे दिन नीले शहर **'शेफ़्रशॉवन'** जाने का विचार था। चौथे दिन फिर तान्जिर घूमकर रात की बुलेट ट्रेन पकड़ने की पूर्व-योजना थी।

आज का आधा दिन तो निकल चुका था। हमने पास वाली जगहों का चुनाव किया। 'सोक्को पेतीत स्क्वैयर' तथा 'ग्रांड सोक्को स्क्वैयर' देखने का निश्चय किया। यह होटल से मात्र 7 किलोमीटर दूर था। ये दोनों स्थान ही एक छोटी पहाड़ी पर घनी आबादी के बीच स्थित थे। 15 मिनट की ड्राइव हमें उसके बहुत पास तक ले गई। वहाँ की तंग गलियों में कार ले जाने की हमारी हिम्मत न हुई तो हमने 'बाब-अल मरसा' की पार्किंग में कार को सुरक्षित किया और पैदल ही आगे बढ़

गए। शाम हो चुकी थी और हल्की गुलाबी ठंड वातावरण को घेरने लगी थी। बीच-बीच में मामूली बूँदा-बाँदी भी हो जाती थी। पुराने किले के किसी दरवाज़े के समान 'बाब-अल मरसा' से गुज़रते हुए थोड़ी-सी चढ़ाई करते ही हमारी दृष्टि कुछ अन्य देखने लायक स्थानों पर पड़ी। यहाँ 'बाब-डार-डेबाग़', 'मदीना डे बाब अल मरसा' और सबसे शानदार 'टेरेस बेले वू' थी। इसी टेरेस से 'पोर्ट डे तान्जिर विले' और 'तंजा मरीना बे' के सौष्ठवपूर्ण दृश्य मिलते थे। अभी हमने अपनी आँखों को अपने गंतव्य की ओर मोड़ा और आगे चलते रहे। हम एक छोटी मार्केट से निकल रहे थे जो 'मदीना' नामक स्थान में ही थी। यहाँ परंपरागत रीति की दुकानें बनीं थीं जिनके लकड़ी के बड़े से कपाट, धूप से बचाने के लिए लकड़ी की ही दुछत्ती (शेड), उसके ऊपर लटकती अरबी डिज़ाइन की लालटेन और गली की दीवारों पर लटकते चौकोर गमले, किसी पुराने ज़माने में ले जा रहे थे जैसे।

'सोक्को पेतीत स्क्वैयर' या 'पेतीत सोक्को' एक फ्रांसीसी-स्पेनी मिश्रित नाम है जिसमें 'पेतीत' शब्द फ्रांस से आया है जिसका अर्थ है छोटा; और स्पेनी 'सोक्को' अथवा 'ज़ोको' रूप बदलकर अरबी भाषा में 'सूक' शब्द बन, बाज़ार के लिए प्रयोग किया जाता है। अंग्रेज़ी का 'स्क्वैयर' जोड़ा गया है क्योंकि यह यहाँ के 'कसबाह' क्षेत्र की महत्त्वपूर्ण जगहों के बीच पड़ने वाला चौराहा है। छोटी-छोटी गलियों की तुलना में यह कुछ खुला इलाका है जिसमें चारों तरफ़ सजावटी सामान और खाने-पीने की दुकानें हैं। आकर्षण-केंद्र होने के कारण यहाँ बनी इमारतें साफ़-सुथरी, चमकदार और सजावटी हैं। लोग यहाँ बैठकर 'पुदीना चाय' पीते हैं और इस क्षेत्र का दौरा पूरा करते हैं।

इस दिन पूरे मोरोक्को में ईद मनाई जा रही थी। सब जगह बहुत भीड़-भाड़ थी। अत: यहाँ से गुज़रते हुए हमने आगे 'ग्रांड सोक्को' जाने की बजाय पुन: नीचे की ओर जाना उचित समझा और अपनी छूटी हुई जगहों में से सबसे सुंदर 'टेरेस बेले वू' पर जा पहुँचे। यह बहुत सुरुचिकर स्थान था। इस प्रकार की विशेष छतों के लिए यह स्थान प्रसिद्ध है। यह जानना बहुत रुचिकर है कि यहाँ पर इस प्रकार की छतें बनाने का प्रचलन क्यों है। तान्जिर छोटी-छोटी पहाड़ियों पर बसा हुआ शहर है। यहाँ घरों

का दरवाज़ा जिस गली में खुलता है, उसी गली में आगे बढ़ते हुए, या उस गली से मुड़कर अगली गली, चढ़ाई के कारण उन्हीं घरों की सपाट छत तक पहुँच जाती हैं। छतों के ऊपर इस टेरेस को ऊपरी गली से आने-जाने योग्य बनाकर खुला रखा जाता है या इसमें कोई रेस्टोरेंट इत्यादि खोला जाता है। यहाँ से जो दृश्य 'जिब्राल्टर जलमुक्ता' का, बंदरगाह का, समुद्रतट का मिलता है, वह कहीं और से असंभव है। 'कसबाह' की भूलभुलैया वाले गली-कूचों से निकल खुले नीले आसमान के नीचे अथाह समुद्र का नज़ारा बहुत तरोताजा कर देने वाला होता है। जैसे-जैसे शहर में निर्माण कार्य बढ़ता है, ऐसा सुदूर दृश्य ऊँचाई से ही मिल सकता है, उसी के लिए साज-सज्जा के साथ ऐसी टेरेस का घेराव किया जाता है। कलाकारों, चित्रकारों को यहाँ प्राकृतिक प्रेरणा मिलती है। इसे बनाने वाले को परोपकार का पुण्य भी मिलता ही होगा।

बहुधा एक सीध में बने मकानों की छतें भी आपस में जुड़ी होती हैं और अगर वे केवल निजी इस्तेमाल के लिए न हों तो एक से दूसरी छत पर भी आसानी से जाया जा सकता है और तान्जिर की खाड़ी का पूरा सौष्ठव आँखों में भरा जा सकता है।

छायादार गलियों के दोनों तरफ़ बेल में टँके बूटे-से जड़े हुए मकान आती-जाती भीड़ को झाँकते थे जैसे। थोड़ा-सा भटक कर ही सही, हम उसी टेरेस बेले वू पर पहुँच गए। 'टेरेस बेले वू', 'बेल्लाली आर्ट म्यूज़ियम' की छत पर बना है। इसे विशेष रूप देते हुए लकड़ी के खम्भों पर पड़ी हुई बाँस की छत बनाई गई थी। हर दो खम्भों के बीच सुंदर झरोखों का निर्माण हो रहा था। यहाँ अलग ही रौनक मेला लगा हुआ था। बहुत-से सैलानी इस आभा को निहारते हुए विश्राम कर रहे थे। आने-जाने वालों के लिए यहाँ निशुल्क प्रवेश था।

स्थानीय वेशभूषा पहनाकर पर्यटकों की तस्वीरें निकालने वाली कई टोलियाँ अपना सामान जमाए हुए थीं। एक दुशाला ओढ़ाकर, सिर पर बेंत की टोपी और कुछ गहनों से सजकर हमने भी स्थानीय रूप में तस्वीरें निकालीं। पीछे दूर तक बंदरगाह, समुद्र, लगून के उस ओर की पहाड़ियाँ मोहक लगती थीं। ऐसा लगता है कि आप

आसमान से धरती की पेंटिंग देख रहे हों। सायंकाल सूर्य का अटलांटिक में विलय होते क्षितिज को देखना अत्यंत आह्लादकारी है।

ऐसी छतें सपाट ही बनी हुई थीं। इन पर कोई ढलान की आवश्यकता नहीं थी कि बहुत कम ही यहाँ बरसात होती है। ऐसी छत पर से तान्जिर का 360 डिग्री दर्शन होता है।

इस टेरेस से सटी हुई टेरेस थी 'बोर्ज अल हजोई' की। यह एक म्यूज़ियम था और उसकी छत पर छोटी तोपें सजी हुई थीं। बच्चे इनके आस-पास खेलते हुए फुदक रहे थे। इसी से नीचे बाब अल मरसा को सीधी गली जाती थी। इस गेट से निकलकर सामने तट की रौनक में घुल जाने के लिए हम पहाड़ी से नीचे आ गए। नीचे आते ही सबसे पहले एक ढहे हुए किले के दर्शन हुए। इसका कुछ हिस्सा सुरक्षित है और उसमें शाम चार बजे तक प्रवेश किया जा सकता है। इस किले के पीछे ही कई

पाँच सितारा होटल भी बने हुए हैं। सड़क के पीछे इस टूटे किले की मीनार 'बोर्ज डार अल बारूद' नाम से खड़ी हुई चौराहे की शान बढ़ाती है। चौराहे के ठीक विपरीत दिशा में 'लल्ला आबला' मस्जिद भी अपनी मोरक्कन सादगी की छटा बिखेरती है। हमने इसे भी नज़दीक से देखा। कुछ स्थानीय बालक मग़रेब की नमाज़ अदा कर मस्जिद से बाहर आ रहे थे। हमने उनसे बातचीत करनी चाही तो वे लजा गए। कुछ आगे तक जाकर तान्जिर फैरी टर्मिनल भी देखा। चलते-चलते और मौसम का आनंद लेते मरीना बे तक की सैर की। यहाँ बस स्टैंड बना हुआ था जिस पर तान्जिर सिटी टूर का पूरा नक्शा बना था। उसकी तस्वीरें लेने से आगे का कार्यक्रम सुनिश्चित करने में हमें सुविधा हुई।

ईद का दिन होने के कारण सपरिवार स्थानीय लोग छुट्टी का जश्न मना रहे थे। बहुत-से नवविवाहित जोड़े एक ही रंग और डिज़ाइन के परिधान में खिले-खिले घूम रहे थे। यह रंग-नियोजन बहुत लुभा रहा था। सभी बहुत खुश लग रहे थे। शाम को हम 'हिल्टन तान्जिर सिटी सेंटर' घूमने गए। यह तांजेर विले स्टेशन के चौराहे को पार कर के ही है। इसके आसपास निर्माण कार्य के चलते अवरोधक लगे हुए थे। बहुत घूमने पर इसके पास कार छोड़ने का स्थान मिल सका। वहाँ से काफी पैदल चलकर ही मॉल में पहुँचा जा सका। मॉल बहुत बड़ी और आधुनिक थी। लगभग सारे बड़े और कीमती ब्रांड वहाँ अपनी चमक और अकड़ के साथ शोरूमों में सजे हुए थे। युवाओं का खूब जमघट था। सैलानी भी बहुत थे। हमने घूम-घूमकर वहाँ का रौनक-मेला देखा, खाना खाया और वापस टहलते हुए कार तक आ गए।

अगले दिन होटल की विशाल जलपान शाला में नाश्ते के साथ हमने कुछ मधुर यादें भी कैमरे में कैद कीं। आज घूमने की जगहें सुनिश्चित कीं जिनमें 'पार्क पर्डिकेरिस', 'जार्डिन डोनाबो', 'हरक्यूलिस केव' तथा 'केप स्पार्टल' प्रमुख थीं।

रास्ते में समुद्र तट की सुषमा, 'हाफा गार्डन', 'मर्कला गार्डन' और 'मर्कला बीच' ने हमें कार में ब्रेक लगाने पर मजबूर कर दिया। एक ओर हिलोरें मारता अटलांटिक महासागर और दूसरी ओर हरी पहाड़ियाँ, यह पूरा मार्ग ही शानदार था।

'मर्कला बीच' को पर्यटकों के टहलने और सुस्ताने की सुविधा के लिए तैयार किया गया था। यहाँ अनेक कोणों से प्रकृति को समेटते हुए तस्वीरें ली गईं। आगे रास्ता समुद्र तट से हटकर शहर के मध्य से भी निकलता था। पूरा तान्जिर ही छोटी-छोटी पहाड़ियों पर बसा होने के कारण यहाँ भी मार्ग के दोनों ओर पहाड़ियों के सुंदर नज़ारे मिलते थे।

'पार्क पर्डिकेरिस' भी पहाड़ियों पर बना हुआ जंगल था। इसे रमीलात वन के नाम से भी जाना जाता है और पहले 'विला ऐडोनिया' या 'नाइटिंगेल्स का स्थान' कहा जाता था। शहर के रमीलात इलाके में स्थित यह एक सार्वजनिक पार्क है, जो लगभग 70 हेक्टेयर क्षेत्र में फैला हुआ है। यह जेबेल कबीर पहाड़ी की उत्तरी ढलानों पर, जिब्राल्टर जलडमरूमध्य की ओर मुख किए हुए स्थित है। इसके पश्चिम में केप स्पार्टेल रिज़र्व और पूर्व में जेबेल कबीर रॉयल पैलेस है। इस पार्क का नाम ग्रीक-अमेरिकी प्रसिद्ध व्यक्ति आयन हैनफोर्ड पर्डिकेरिस के नाम पर रखा गया है, जिन्होंने 1870 के दशक में इसे विकसित किया था। उन्होंने इस स्थान पर एक विला का निर्माण भी कराया। उनसे खरीदने के बाद 1930 में, मराक्केश के प्रभावशाली शासक थामी एल ग्लाउई ने इसे अपने निवास के रूप में इस्तेमाल किया। उनकी मृत्यु और 1956 में मोरक्को की स्वतंत्रता के बाद, यह पार्क राज्य की संपत्ति बन गया। एक समय उपेक्षा का शिकार रहने के बाद, 2015 में इसका नवीनीकरण शुरू हुआ। इस शाही विला को एक विरासत केंद्र में बदल दिया गया, जिसका उद्घाटन 2022 में ही किया गया था।

यह पार्क सैकड़ों विभिन्न वनस्पति प्रजातियों का घर है। घने पेड़ों से घिरा हुआ यह एक तरह से वन संरक्षण के अंतर्गत बना हुआ पार्क जैसा था। इसमें बहुत-सी वानस्पतिक प्रजातियों और वन्य पशु-पक्षियों का संरक्षण भी किया गया था। पार्क का निरीक्षण करने के लिए जगह-जगह लकड़ी की मचानें बनी हुई थीं। लम्बी पगडंडियाँ घूमने वालों के लिए बनी थीं और उसके किनारे आराम के लिए लकड़ी की बेंचें थीं। पानी पीने के लिए बने नल के आसपास मोरक्कन बाथ वाले विशेष

मोज़ेक डिज़ाइन से सजावट थी। बहुत-से लोग पिकनिक मनाने वहाँ आए हुए थे और वहीं बार-बी-क्यू लगाकर, खाद्य पकाकर उसका भक्षण कर रहे थे।

पार्क के प्रवेश द्वार से अंदर ही अंदर चलते जाओ तो ऊँचाई से समुद्र के दर्शन पुन: होते हैं। हम वहीं तक गए। पार्क के बाहर 'ले मिराज' नाम से आधुनिक कैफ़े है। इस पार्क को देखने की कोई टिकट नहीं है और पार्किंग निशुल्क है।

आस-पास का मुआयना करते हुए हम कार से 'जार्डिन डोनाबो' पहुँचे। यह बहुत-सी नवीन पौध को संजोए एक बोटेनिकल गार्डन है। इसमें प्रवेश की टिकट 50 दिरहम प्रति व्यक्ति की दर से लेनी होती है। यह पारंपरिक शैली से बनाया हुआ बगीचा है। इसके अंदर गुलाब, हिबिस्कस, लैवेंडर, आईवी के अलावा पुदीना, मिर्ची के बाग भी हैं। सब्ज़ बाग के साथ ही कुकिंग स्कूल भी है। इसमें एक बड़े तालाब के साथ ही समुद्र को निहारने की टेरेस भी हैं। चाइनीज़ गार्डन, मोरक्कन गार्डन, मेडिटरेनियन गार्डन और कुछ कैफ़े भी इसके अंदर ही हैं। रॉक गार्डन और फव्वारों से यह सुसज्जित है। इसमें घूमते हुए ऊष्णकटिबंधीय वृष्टिवन में घूमने का अहसास होता है।

'केप स्पार्टल' नाम से दो जगहों पर गूगल हमें ले जाता है। पहली जगह पर कार एक नियत स्थान ही जा सकती है। उससे आगे पैदल चढ़ाई करने पर इसी नाम का एक चर्च आता है जिसकी मीनार दूर से दिखती है। लेकिन मुख्य जगह यह न होकर, थोड़ी दूर पड़ती है जहाँ कार से आसानी से जाया जा सकता है। यह पहाड़ों की तलहटी में समुद्र के किनारे एक प्राकृतिक पिकनिक स्पॉट है। इसे थोड़ा-सा सँवारा गया है ताकि यहाँ पूरे दिन को पिकनिक मनाने वाले सुविधा से आ सकें। गाड़ियाँ खड़ी करने का पर्याप्त स्थान सपाट व समतल किया गया हुआ था। धरती ऊबड़-खाबड़ किंतु घास के हरे कालीन से सँवरी हुई थी। किनारे पर 100 फुट ऊँची-ऊँची चट्टानें थीं जो इस स्थान की प्राकृतिक शोभा को संजोने का काम करती थीं। बड़ी-बड़ी चट्टानों और नीले समुद्र के पर्दे के आगे खड़े होकर तस्वीरें खिंचवाना अच्छा अनुभव रहा। यह स्थान समुद्र से थोड़ी ऊँचाई पर है अत: यहाँ तट को विकसित

नहीं किया गया है और यह छोटे-बड़े बेडौल पत्थरों और चट्टानों के किनारों पर पड़े होने के कारण विशेष और अभूतपूर्व दृश्य दिखता है।

'केप स्पार्टल' लाइटहाऊस भी थोड़ी दूरी पर ही है। उसके लिए कुछ पीछे की ओर जाना पड़ता है। यह समुद्रतल से 1000 फीट की ऊँचाई पर है। यही स्थान जिब्राल्टर जलडमरू का प्रवेश स्थल भी है। यही अफ्रीका महाद्वीप का उत्तरी-पश्चिमी शीर्षबिंदु भी है। केप स्पार्टल के पास स्पार्टल तट है, जो एक डूबा हुआ द्वीप है और कुछ लोगों का मानना है कि यह पौराणिक अटलांटिस द्वीप का स्थान था। इसका पुनर्निर्माण 2020 में हुआ। इस स्थान पर अब एक समुद्री संग्रहालय, भोजनालय, जैविक पार्क आदि हैं।

कहते हैं इसी स्थान से अटलांटिक महासागर और मेडिटरेनियन सागर आपस में टकराते हुए दिखते हैं। दोनों के पानी का रंग अलग-अलग दिखाई देता है। ऐसा आँखों से तो नहीं नज़र आया किंतु जहाज़ से समुद्र में थोड़ा अंदर जाकर नज़र आता होगा। देखा नहीं, फिर भी इस बात का अहसास ही बहुत अच्छा लगा। एक महासमुद्र के अंतिम छोर के किनारे आप पहुँच गए, यह भाव भी कम रोमांचक न था।

इससे आगे 'बुहेंदिया बीच' पर भी बहुत पर्यटक घूमते हुए दिखे। थोड़ा और आगे 'अचाकर बीच' पर ड्रोमेडरी स्पॉट है जहाँ समुद्र किनारे बहुत से ऊँट सवारी के लिए मौजूद थे। यहाँ पर्यटक सूर्यास्त के दर्शन के लिए आते हैं और संध्या समय नवविवाहित जोड़े नारंगी रंग में अपने प्यार के गुलाबी रंग घोल देते हैं। अपने कूबड़ पर अरबी गद्दी को सजाए, झुंड में बैठे ऊँटों की प्यारी-सी तस्वीरें चलती कार से ही निकालीं।

दस मिनट में ही हम 'हरक्यूलिस केव' पहुँच गए थे। पार्किंग में स्थान भी सुविधा से मिल गया था। एक गलियारे से होकर हरक्यूलिस केव के पास बने दालान में हम पहुँचते हैं। गलियारे में इन गुफ़ाओं तथा हरक्यूलिस के बारे में बीसियों सूचनापटों द्वारा जानकारी दी गई थी। उसे पढ़ते-पढ़ते ही हम आगे बढ़ रहे थे।

हरक्यूलिस गुफ़ा तान्जिर शहर की पैतृक और प्रतीकात्मक पहचान है। तान्जिर घूमने आने वाले इस स्थान का भ्रमण अवश्य ही करते हैं। यह अपने प्राकृतिक महत्व, पुरातात्विक मूल्यों व महान अतीत-कथा के लिए प्रसिद्ध है। यह चूना पत्थर की घुलनशील चट्टानों के बीच बनी आकर्षक भू-आकृति है जो जल व जलीय रसायन के पारस्परिक टकराव व घिसाव से मोकले के रूप में उत्पन्न हुई है। प्रागैतिहासिक काल में मानव ऐसी गुफ़ाओं में सुरक्षा के लिए निवास किया करता था।

हरक्यूलिस केव प्रांगण में स्मृति-चिह्न, स्थानीय वेश तथा खान-पान की दुकानें भी थीं। मुख्य गुफ़ा प्रांगण के बाईं ओर से उतरती सीढ़ियों से नीचे जाकर थी। कुछ सीढ़ियों बाद टिकट काउंटर था जिस पर छोटी लाइन थी। वहाँ हमने 80-80 मोरक्कन दिरहम की दो टिकटें खरीदीं। प्रबंधन समिति द्वारा लोगों को अंदर छोटे-छोटे समूहों में भेजा जा रहा था। जल्दी ही हमारी बारी भी आ गई।

एक छोटी पहाड़ी की तलहटी में यह अति सुंदर गुफ़ा थी। इस गुफ़ा की एक दीवार में बने हुए अपरदनीय छिद्र से सीधा अटलांटिक महासागर दिखाई देता है। इस छिद्र अथवा खिड़की की आकृति गुफ़ा के अंदर से बाहर देखने पर हरक्यूलिस के मुख के समान है और समुद्र की ओर से देखने पर यह अफ्रीका का नक्शा बनाती है। गुफ़ा के अँधेरे से मोकले की फोटो लेने पर बीच में दिखता नीला आसमान और मूँगिया समुद्र का बहुत ललित चित्र उभरता है।

समुद्र का पानी गुफ़ा के अंदर पूरे अधिकार के साथ बेरोक-टोक आता है। अत: सुरक्षा की दृष्टि से इसके तले तक सैलानियों को जाने नहीं दिया जाता। इसके ऊपर एक बालकनी जैसी निर्मिति से यह नज़ारा देखा जा सकता है। पानी के बहाव के कारण यहाँ भी फर्श अधिकतर गीला ही रहता है। गुफ़ा के अंदर हरक्यूलिस के मुख से आती रोशनी के अलावा सर्वत्र अँधेरा है। पानी द्वारा चट्टानों में हुए कटाव को टॉर्च जलाकर देखा व समझा जा सकता है जिसके लिए हमने मोबाइल में मौजूद

टॉर्च बटन का इस्तेमाल किया। अँधेरा और भीतरी हिस्सा होने के कारण गुफ़ा का तापमान काफ़ी कम था। हल्की ठंड का अहसास हो रहा था जबकि हमने पहले से ही गर्म कपड़े पहन रखे थे।

हरक्यूलिस केव ऐतिहासिक महत्त्व की कंदरा है। ग्रीक और रोमन दंतकथाओं के अनुसार यूरोप और अफ़्रीका महाद्वीपों को अलग करने के बाद हरक्यूलिस ने इस कंदरा में आराम किया था। इन्हें अलग करने के लिए उसने विभाजित रेखा के दोनों ओर के स्थानों पर दो खंभे लगाए थे। यूरोप की तरफ़ यह जिब्राल्टर की चट्टान के नाम से जाना जाता है। अफ़्रीका की ओर से इसे मूसा पर्वत के रूप में पहचाना जाता है। गुफ़ा में आराम के बाद हरक्यूलिस ने वे बारह कार्य सम्पन्न किए जो उसे सौंपे गए थे। ये 12 काम हरक्यूलिस की शक्ति, साहस और दृढ़ता की शौर्य-गाथा बन सामने आए।

हरक्यूलिस केव से बाहर निकलकर छज्जे पर धूप सेंकते हुए सामने अटलांटिक समुद्र एक नीली दरी के जैसा दिखाई देता है। केव से निकलकर सामने की सीढ़ियों से उतरकर समुद्र तट तक जाने का रास्ता है। यहाँ भी ऊँट मालिक पर्यटकों की कृपा के लिए आस लगाए बैठे मिले। कुछ देर यहाँ घूमकर, कॉफी इत्यादि पीकर हम वापसी की राह हो लिए।

दिन अभी हमारे हाथ में बाकी था तो हमने लौटते हुए **'पैलेस 9 एवरिल' तथा 'ग्रांड सोक्को'** देखने का मन बनाया। ग्रांड सोक्को से थोड़ी दूर एक पार्क के पास कार खड़ी करने की जगह दिखी तो उसके रखवालों के हाथ, वहीं कार को सौंप हमने पैदल चढ़ाई वाली लगभग 500 मीटर दूरी तय की और अपनी मनचाही जगह पहुँच गए।

'पैलेस 9 एवरिल' तथा 'ग्रांड सोक्को' वास्तव में आसपास ही हैं या यों कहो कि एक ही स्थान पर हैं। ग्रांड सोक्को एक बड़ा-सा चौराहा है। इसी के एक ओर पैलेस 9 एवरिल है। कभी-कभी इसे पैलेस 9 एवरिल स्क्वैयर भी कह दिया जाता है। ग्रांड सोक्को के चारों ओर बहुत-सी प्रसिद्ध इमारतें व मनोरंजन के गढ़ हैं।

पैलेस 9 एवरिल का पूरा नाम पैलेस 9 एवरिल 1947 है। यह जानना भी बहुत उत्तेजक रहा कि मोहम्मद पंचम राजा ने इस स्थान पर 9 अप्रैल 1947 को महती भाषण दिया था जिसमें उत्तरी प्रांतों की स्वतंत्रता तथा मोरक्को गणराज्य के एकीकरण की घोषणा की गई थी। मोरोक्को की पहचान की स्थापना के इस दिन को यादगार बनाने के कारण इस स्थान का यह नाम पड़ा। इसी से 'एवरिल' वास्तव में 'एप्रिल' और हिंदी का 'अप्रैल' है, यह समझ आया। उस समय में यह चौराहा बिना पटरी या बिना टैराकोटा ब्लॉक वाला, एक कच्चा चौराहा था। इस चौराहे पर सप्ताह में दो दिन बाज़ार लगा करता था। सार्वजनिक उत्सवों के दौरान यही मुख्य जश्न का स्थान होता था जहाँ दूर-दूर से कलाकार, फेरीवाले और विक्रेता मुनाफ़ा कमाने आया करते थे। बाद में यह स्थायी बाज़ार के रूप में विकसित हो गया।

यह एक प्रकार से मुख्य शहर 'मदीना' का ऊपर की ओर से प्रवेश द्वार हो गया। यह चौराहा मात्र यातायात के चौराहे की पहचान से ऊपर उठकर मनोविनोद के विकल्प के लिए जाना गया। चौराहे पर एक घास का मैदान, बैठने के लिए दर्जनों बेंचें, बड़ा फव्वारा, फूलों वाला बागीचा, ऊँचे-ऊँचे पेड़, चारों ओर चलने के लिए ईंटों की पटरी और सागर को निहारता हुआ एक बड़ा-सा चबूतरा बन गया। आज इस स्थान पर बड़े-बड़े विदेशी नामी ब्रांडेड चीज़ों के शोरूम हैं। वैसे इसे चौराहा कहना इसकी

तौहीन करना है। इस गोल घेरे से सात सड़कें अलग-अलग दिशाओं को जाती हैं। हाँ, इसे संस्कृति, ऐतिहासिक धरोहर, गतिशीलता और जीवंतता के मार्ग का चौराहा अवश्य कहा जा सकता है।

इसके चारों ओर की गर्वीली इमारतों में पैलेस 9 एवरिल तो है ही, 'मेंडूबिया गार्डन', 'सिनेमा ए रिफ', 'सिद्दि बू-आबिद मस्जिद', 'बोर्ज कैथरीन' आदि भी हैं। खरीदारी के लिए सोसायटी जनरल, कैफ़े, मिनी मार्केट भी हैं। ग्रांड सोक्को के पास ही पोपुलर 'अल मिंज़ाह होटल' भी है जिसके लिए महल की इमारत को होटल में बदला गया है।

ग्रांड सोक्को चौराहा एक ऊँचे स्थान पर है जहाँ से चारों दिशाओं में ढलान है। आज इसके फव्वारे लोगों से घिरे हुए थे और फव्वारे के चबूतरे और बेंचों पर ढेरों मुसाफ़िर पसरे हुए थकान मिटा रहे थे। इसके सबसे ऊँचे छज्जे अथवा चबूतरे पर बड़ा खुला मैदान है जहाँ युद्ध में प्रयुक्त कई तोपें सजी हुई हैं। छुट्टी का दिन तो था ही। बहुत-से स्थानीय परिवार और सैलानी घूमने आए हुए थे। सारे ही बच्चे बारी-बारी तोपों के ऊपर चढ़ रहे थे और मुझे वीरेन डंगवाल की कविता 'तोप' याद आ रही थी-

अब तो बहरहाल
छोटे लड़कों की घुड़सवारी से अगर यह फारिग हो
तो उसके ऊपर बैठकर
चिड़ियाँ ही अकसर करती हैं गपशप

अपना बड़ा-सा मुँह खोले यह तोप अब दहाड़ती हुई नहीं, उबासी लेती हुई प्रतीत होती है। शायद यह मुँह खोल अपने साहसिक कारनामे बताना चाहती भी हो तो इस शोरगुल में उसे कौन ही सुन सकता है। यह शोर केवल मस्जिद से आती हुई अज़ान पर ही कुछ कम होता है अन्यथा अपनी मस्ती में यह बदस्तूर जारी रहता है। गुब्बारेवाले, आइसक्रीम, भुने मेवे, स्मृति-चिह्न आदि बेचने वाले भी इसी चहल-पहल का हिस्सा बने रहते हैं।

ग्रांड सोक्को का वातावरण परंपरागत सामग्री और स्थानीय संस्कृति का मुख्य दर्शनीय स्थल है। सबसे रोमांचक बात यह थी कि छोटी-छोटी बच्चियों को उनके माता-पिता पारंपरिक वैवाहिक ड्रैस पहनवाकर फोटो खिंचा रहे थे। हमने भी आकर्षित होकर उनसे आज्ञा ली और एक प्यारी-सी बच्ची की तस्वीर निकाल ली। उसके माता-पिता ने हमें यह भी बताया कि इस वेशभूषा को मोरक्कन ड्रैस मानने की गलती नहीं करनी है यह विशेष 'तांजीरियन ड्रैस' है। बच्ची के द्वारा पहने गए आभूषणों की आभा-प्रभा देखते ही बनती थी।

वहीं पास में मोरक्कन वेश का पूरा सेट-अप था। उनसे लेकर वे कपड़े, हैट, आभूषण पहनकर, आलीशान शाही कुर्सी पर बैठकर तस्वीर निकालने के 100 मोरक्कन दिरहम वे लेते थे। हमने भी आधी-अधूरी सामग्री धारण कर दो-चार क्लिक तो कर ही लिए हालाँकि विक्रेता स्त्री ने हमारे मना करते-करते भी मुझे आभूषणों से लाद ही दिया था।

ग्रांड सोक्को की ऊँचाई के बारे में बताया ही था। यहाँ तोपों वाली जगह पर जो कम ऊँची बाउंड्री वॉल थी वहाँ बैठकर फिर से अटलांटिक महासागर हमारे अक्षिबिंदुओं को हर्षा रहा था। सोने पर सुहागा यह कि इस महाजलधि में एक विशालकाय जहाज़ भी विचरण कर रहा था जो चित्रों को एक केंद्र-बिंदु और अर्थ प्रदान कर रहा था। दिन ढलने तक हम इस आह्लादकारी वातावरण के आनंद में मग्न

रहे। फिर पास में ही एक मैक्डोनाल्ड तलाशा। मैक्डोनाल्ड बहुत-से देशों में मिला ही था। दुबई, यू.ए.ई. में भी खूब सारी शाखाएँ हैं। ग्राहक स्वयं डिलीवरी काउंटर से सामन ले, इसके विपरीत यहाँ पर बेयरे ग्राहकों तक खाना ले जा रहे थे। हमने देखा कि हाथ में गर्म सामान की ट्रे उठाए बेयरे जब तक उसके असली मालिक को ढूँढते हैं तब तक वह खाना ठंडा हो चुका होता है। उससे यह सीख लेकर हमने अपना खाना खुद ही काउंटर से ले जाने के ज़िद की तो वे बड़ी मुश्किल से माने। यहाँ कुछ खाना पेट में डाल हम होटल आ गए।

आज होटल के पास का माहौल भी बदला हुआ मिला। इसके ठीक विपरीत जो खाली मैदान था उसमें मेला लगा हुआ था। यह शायद ईद का मेला था। हमने स्वयं को रोक नहीं पाए और होटल की पार्किंग में कार लगाकर फटाफट से उस उमंग भरे उल्लास में शामिल होने को घुस गए। भाग्य से प्रवेश निशुल्क था। बहुत-से छोटे-बड़े झूले, खेल की दुकानें थीं। मोरक्कन कपड़ों की दुकानें, बैग आदि वहाँ बिक रहे थे। बच्चे इधर से उधर भाग-भागकर अपनी पसंदीदा चीजें व खेल ढूँढ रहे थे। हर्षोल्लास की तरंगें दूर-दूर तक फैल रही थीं। अफ्रीकन रीति का गीत-संगीत भी बज रहा था। लगभग आधा घंटा वहाँ से स्फूर्ति अपने शरीर में भर इस दिन की हमने अपने होटल पहुँच इतिश्री की।

अगला दिन छठा दिन था। यह दिन नीले शहर यानी ब्लू सिटी कहे जाने वाले 'शेफ़शॉवन' के लिए निर्धारित था। इस दिन का भी बेसब्री से इंतज़ार था। बहुत-से पर्यटक तान्जिर आते ही पहले 'शेफ़शॉवन' देखने ही निकल जाते हैं। हम तान्जिर में 4 दिन थे तो हमने सब आराम-आराम से देखा। होटल से अच्छा नाश्ता कर हमने अपनी थर्मस खौलते पानी से भरी, चाय और कॉफ़ी मिक्स के सेशे रखे, कुछ सूखा खाने का सामान रखा और छतरी व जैकेट आदि लेकर निकले।

तान्जिर से शेफ़शॉवन का रास्ता 110 किलोमीटर था और ढाई घंटे में पहुँचने के हिसाब से ठीक था। लगातार पहाड़ियों के बीच से यह मार्ग गुजरता था और बीच-बीच में झीलों की उपस्थिति इस मार्ग को बहुत आनंदमय बनाती थी। रास्ते में दूर-

दूर तक फैले खुले घास के मैदानों में भेड़ें चरती हुई दिखाई दीं। ऊन के गुच्छों से लदी हुई भेड़ें बहुत मनोरम दिखती थीं। इन्हें देख बचपन में सीखी गई नर्सरी राइम 'बाबा-बाबा! ब्लैक शीप! हैव यू एनी वूल?' याद आ गई।

कभी दूर पहाड़ियों पर घनी बस्तियाँ आँखों में भर जातीं तो कभी अकेले में तपस्या करते साधु जैसा कोई भवन या मस्जिद। कभी पहाड़ साथ-साथ चलते तो कभी घूमकर सामने आ टपकते। सड़क के इस बाजू ढलान, उस बाजू झील और झील के उस पार पहाड़ियाँ, ऐसा मोहक दृश्य देखकर हमने कार रोकी। वहीं किनारे पर कुछ पल ठहरकर थर्मस के गर्म पानी से चाय बनाई और खुशनुमा मौसम का लुत्फ उठाया। यह कोई जाना-माना स्थान न था अंत: वहाँ हमारे अलावा कोई और न रुका था।

हमारे आसपास ही कई प्रकार की वनस्पति दिखाई दे रही थी। एक पीले रंग के फूल वाला पेड़ कई जगह फूलों से लदा हुआ पूरा का पूरा पीला ही दिख रहा था।

वाहद हजेरा नामक एक नदी की धारा आधे रास्ते के बाद से बहुत देर तक हमारे साथ-साथ चलती रही। बीच-बीच में बाँध और पुलिया बनाकर पानी को रोककर इकट्ठा किया गया था जो झील जैसा निर्माण करती थी। 'मारटिल' तथा 'एनाखला' नाम की दो ऐसी ही झील जैसे जल भराव थे जो पहाड़ों और पेड़ों से

घिरे होने के कारण अत्यंत सुंदर दिखते थे। जहाँ से भी अच्छा दृश्य बनता था, हम वहीं रुकते थे। ऐसे रास्ते में 3-4 बार हम रुके। जब कभी नदी साथ न होती तो हरे घास के मैदान लुभाते रहते। छोटी-छोटी पहाड़ियाँ तो साथ चल ही रही थीं। पहाड़ियों के ऊपर सैर-सपाटे को निकले बादल अपनी छाया पहाड़ी पर डालते तो पहाड़ी काली-सी दिखती। बादलों के कारण मौसम खुशनुमा हो चला था। हल्की बूँदा-बाँदी भी हो रही थी।

तान्जिर से शेफ़शॉवन का यह पूरा मार्ग ही बेहद रोमांचक था। प्रकृति ने अपने मध्य थोड़ा खिसक के यह रास्ता बनाया हो जैसे। 'शेफ़शॉवन' शुरु होने से बहुत पहले ही हमें नीले रंग की मस्जिद और घर दिखाई देने लगे थे। मालूम होता था कि ब्लू सिटी का असर अब दूर तक फैलने लगा है। शेफ़शॉवन की सीमा शुरु होने पर पहले गोल चक्कर पर अरबी भाषा में **شفشاون** लिखा हुआ था। यहीं से ही सड़क के किनारे लगे हुए कलात्मक आकार के बिजली के खम्भे भी नीले रंग के हो गए थे। हमने अपनी कार की गति धीमी कर ली और इन नवीन अनुभवों का आनंद लेने लगे। मुख्य मार्ग पर ही फिर एक नीली मस्जिद और सुरक्षा चौकी आई। अब हमने पार्किंग की खोज शुरु की किंतु पहाड़ी स्थानों पर ढलान वाली सड़कों पर ऐसी जगह पा लेना आसान नहीं होता, ये हम जानते थे। जहाँ भी पार्किंग की संभावना थी, वे सब पूरी तरह से भरी हुई थीं।

हमें पार्किंग छानते हुए दस मिनट बीत चुके थे। निराशा हमें घेरने ही वाली थी कि तभी हमारी कार को एक युवा लड़के ने रोका और पार्किंग के लिए अपने पीछे आने का इशारा किया। कोई और चारा न देख हम उसके पीछे कार चलाने लगे। वह आगे-आगे दौड़ता हुआ कोई डेढ़-दो सौ मीटर बाद हमें एक स्थान पर ले आया। पार्किंग की जगह तो थी किंतु वहाँ कार खड़ी कर लेने के लिए एक बाजीगर वाले कौशल की आवश्यकता थी। उसी ने गाड़ी जमाने में हमारी मदद की। उसके बाद उसने अपने पत्ते खोले कि वह वहाँ एक टूर गाइड है और वह हमें वे सब जगहें दिखा सकता है जो इंस्टाग्राम के लिए मशहूर हैं। हम हँसे बिना न रह सके क्योंकि

हम पहले ही यह सोच रहे थे कि यह इतनी भाग-दौड़ कर हमारी मदद किस कारण कर रहा है।

वह एक भोला-भाला दिखता 20-22 साल का लड़का रहा होगा। उसका नाम अयूब था। हमने उससे पूछा कि वह हमें क्या-क्या दिखाएगा और साथ ही अपने शोध के अनुसार अपनी लिस्ट भी उसे बता दी। वह 200 मोरक्कन दिरहम में शाम तक हमें सब दिखाने के लिए राजी हो गया।

शेफ़शॉवन इंस्टा पर इतना लोकप्रिय है, हमें पता ही न था। हम ठहरे प्राचीनकाल के प्राणी, फेसबुक-व्हाट्सएप से आगे न बढ़े थे भले ही अकाउंट हर एप पर बना रखा था। उस दिन शुभ घड़ी में इंस्टा के भी भाग खुले जब अयूब ने हमारी कई सारी रीलें बनाईं और हमने इंस्टा महाराज को सौंपीं। इस मामले में ये आज की जेन-ज़ी के लोगों को साथ ले चलने का बहुत फायदा है। उसने हमें इंस्टाग्राम पर शेफ़शॉवन के पोपुलर चित्र दिखाए और हमें उन सभी बल्कि कुछ और भी नए और शोभित स्थानों पर ले गया। ऐसा भी जीवन में पहली बार हुआ था कि हम किसी शहर को इंस्टा की तस्वीरों की लोकप्रियता के अनुसार देख रहे थे।

वास्तव में यहाँ चप्पे-चप्पे पर नील बिखरा हो जैसे, ऐसा प्रतीत होता था। मानो यह जगह नीले समुद्र के अंदर है या आसमानी बादलों के ऊपर है, समझ ही न आता था। कभी लगता था कि आसमान इन पहाड़ियों की धरती पर बरस पड़ा है या समुद्र उछल के ऊपर आ बसा है। यूँ तो कई स्थानों पर नीले रंग के अलग-अलग हल्के-गहरे शेड भी मिलते थे परंतु वह सफ़ेद कपड़ों में नील लगाने वाले शाही नीले रंग से पुती दीवारों, छतों, फर्श का कोई जवाब नहीं था। हम स्वयं भी नीली नगरी में नीले कपड़े ही पहन कर गए थे तो बहुत उम्दा तस्वीरें निकलीं।

छोटी-छोटी तंग, घुमावदार, अंतहीन नीली-गीली गलियों, दरवाज़ों, मोकलों से गुज़रते हुए उसने हमें सारा शहर घुमाया। अधिकतर गलियों की ज़मीन अनगढ़ पत्थरों को सीमेंट से जमाकर बनाई गई थीं। कभी तो बंद छत वाली कुछ गलियों में घुप्प अँधेरा और सुनसान होने से एक अनजाना डर भी लगता था फिर भी भगवान

के भरोसे हम अयूब के पीछे-पीछे चलते रहे और वह हमारी तरह-तरह की स्टाइल में फ़ोटो उतारता रहा।

इंस्टा के अनुसार कई घर, जिन्होंने अपने अहातों को नीला पुतवाकर और उसे फूलदानों, नाश्ते की मेज, नक्काशीदार चायदानी, लटकते झूले, लैम्प, गमलों और दरियों से इस प्रकार सजा रखा था कि वे किसी मेहमान का स्वागत कर रहे हों और उन्हें पता ही था कि सैलानी हमारे घर की फ़ोटो अवश्य लेंगे और सोशल मीडिया पर पोस्ट करेंगे।

कई जगहों पर तो फ़ोटो लेने वाला स्थान संकरा होने के कारण लाइन लगी होती थी और नम्बर आने पर ही अयूब हमें उस जगह पर फ़ोटो के लिए ले जाता था। यह पूरा शहर एक भूल-भुलैया के समान ही था। यह सच है कि अगर हमने अयूब को साथ न लिया होता तो अंदर-अंदर घुसकर इन लोकप्रिय स्थानों और छिपे हुए नीलम व नीलमणियों को हम कभी न खोज पाते और शायद इतना प्रयास भी न करते। अयूब हमें भीड़ से बचाता हुआ ऐसे स्थानों पर पहले ले गया था जहाँ बाद में भीड़ होने वाली थी। वैसे तो वहाँ हर कोना सुरम्य, मनोहारी और चित्रात्मक था फिर भी अविस्मरणीय स्मृतियों के लिए वह हमें चुनिंदा स्थानों पर ले गया।

प्रत्येक इस्लामिक शहर की भाँति 'मदीना' यहाँ भी शहर की सबसे शानदार मार्केट थी। इसमें नीली दीवारों पर बिक्री हेतु स्थानीय कलाकृतियाँ, फ्रिज चुम्बक, वॉल हैंगिंग, स्कार्फ़, जैकेट, पर्स, छतरी, टॉप तथा अन्य हाथ के सामान की दुकानें थीं। एक बराबर दूरी पर दीवारों के ऊपर कतार से लगे हुए गमले और उनमें सुंदर फूल भी इसकी शोभा को बढ़ाते थे। 'हाऊस ऑफ़ मोसाइक' एक छोटा और तिमंजिला मकान था जिसे नीले रंग के साथ ही खूबसूरती से सजाया गया था। अंग्रेज़ी के 'वी' अक्षर की आकृति वाली गलियों के बीच वाले कोने पर बना होने के कारण इसका नज़ारा दोनों ओर से भरपूर मिलता था। मकान की सीढ़ियाँ घर के बाहर से ही ऊपर जाती हुई रंगीन गमलों से भरी हुई पूरी आसमानी लगती थीं।

सईद ओरेंज जूस शॉप भी कुछ कम कमाल की नहीं है। जूस तो पी ही सकते हैं पर साथ में बंदनवार के रूप में लटके संतरे और उसके पीछे से झाँकती नीली दीवार शानदार विरोधाभास पैदा करती झाँकी का आनंद भी ले सकते है। हमने यहाँ संतरे का ताज़ा जूस तो पियाही, साथ ही यही वह स्थान था जहाँ अयूब ने कई तरह की इंस्टा रील हमारी बनाईं। रील बनाने का उसका अंदाज़ बड़ा निराला था। वह कैमरे को पेंडुलम जैसा झुलाता हुआ किसी एक वस्तु के नज़दीक से दूर जाता और किसी और वस्तु के निकट जाकर रुकता। इसी दुकान के सामने शेफ़शॉवन की पेंटिंग भी दीवार पर बेचने के लिए सजी हुई थीं।

'प्लेस एल हऊता' एक चौराहा है जिसे 'ऊता एल हम्माम' भी कहते हैं जहाँ मोरोक्को के जीवन की अंदरूनी झलक मिलती है। पारंपरिक तौर पर नीले व सफेद पुते ऊँचे और एक मंजिले मकान, पर्यटकों के लिए दुकानें, रेस्तराँ तथा चौराहे के बीचों बीच फव्वारा बहुत चित्तरंजक लगता है। साथ ही खुली जगह होने के कारण नीले मकानों के ऊपर नीला आसमान और पीछे दिखती पहाड़ी चोटियाँ बहुत लुभावना दृश्य प्रस्तुत करती हैं। पूरे चौराहे की ज़मीन पर ईंटें बिछी हुई हैं। इस छोटे चौराहे पर बैठने के लिए बैंचें भी लगी हुई हैं तो अकसर राहगीर यहाँ कुछ क्षण बैठकर सुस्ताते हैं और नीले रंग की आभा का लुत्फ़ उठाते रहते हैं।

यहीं पर हमें शेफ़शॉवन का मतलब भी पता चला। अयूब ने ही हमें बताया कि इसका अर्थ है- पहाड़ की चोटी। शेफ़शॉवन रिफ़ पहाड़ों की तलहटी में 600 मीटर की ऊँचाई पर बसा हुआ है। इसके पीछे ही जेबेल-एल-कैला की चोटी दिखती है जो 1600 मीटर ऊँची है। शेफ़शॉवन के पास ही 'तिसूका पहाड़' भी है जो 2000 मीटर ऊँचा है।

इसके बाद हमने और भी बहुत-से नीले-नीले स्थान देखे जो निजी संपत्ति होते हुए भी सैलानियों के लिए निशुल्क दर्शन तथा फोटोग्राफ़ी के लिए उनके मालिकों ने रख छोड़े थे। हर स्थान एक से एक बढ़कर खूबसूरत था। लगता था कि मालिकों में होड़ लगी है कि कौन इंस्टा पर सबसे ज़्यादा पोपुलर है। कई स्थानों पर बैठने के लिए बेंत की कुर्सियाँ आदि भी थीं।

नीली टाइलें हों, नीला पेंट या नीले पुते दरवाज़े, इंस्टा पे पूर्वप्रसिद्ध सभी स्थल बहुत मनोहारी थे। कुछेक जगह विशिष्टता बनाए रखने को फ़िरोज़ी रंग का भी इस्तेमाल किया गया था। एक मकान के नीले दरवाज़े तक पहुँचने के लिए रंग-बिरंगी टाइल वाली सीढ़ियाँ बहुत मनभावन थीं। जब अयूब यह सब कुछ हमें घुमा कर दिखा चुका तो हमने उससे ऐसी जगह ले चलने को कहा जहाँ से पूरे शहर का दृश्य दिखता हो। उसने उँगली ऊँची कर हमें दिखाया कि वह हमें कहाँ ले जाने वाला है। कुछ नालों और नहरों के पास से गुज़रते हुए हमने पुलिया पर बैठकर तस्वीरें लीं।

दूर एक पहाड़ी की चोटी पर 'स्पेनिश मॉस्क' बनी हुई थी। वहाँ से शेफ़शॉवन का नयनाभिराम अविच्छिन्न दृश्य बनता है। कई पर्यटक हाइकिंग कर वहाँ जा रहे थे। इतना घूमने के बाद इतनी हिम्मत नहीं बची थी कि हम वहाँ तक चढ़ाई कर सकें तो हमने उसी पहाड़ी के सिरे पर जाना चुना जहाँ से सबसे जल्दी हमें पूरे नील-शहर के विराट दर्शन हो सकते थे। चूँकि यह स्थान बहुत ऊँचा नहीं था तो पूरे नहीं तो कुछ दर्शन हो ही रहे थे।

इसे देख कर याद आया कि जो पर्यटक ग्रीस में 'कवाला', 'सेंटोरिनी' या स्पेन में 'हूस्कर' जाना चाहते हों, वे शेफ़शॉवन हो आएँ, यह उनसे कहीं ज़्यादा रमणीक नीले मोतियों की माला है। हमें यहाँ से भी नज़ारा बहुत प्यारा लगा। अयूब का काम अब पूरा हो चुका था। वह हमें हमारी कार तक पहुँचाकर दूसरा ग्राहक देखने की जल्दी में लग रहा था। फिर भी हमारा लिहाज करते हुए उसने आराम से हमें कार के पास तक पहुँचाया। अब भूख हमारे सिर पर ताँडव करने लगी थी। चार बज रहे थे और हमने खाना नहीं खाया था। हमने कार के स्थान की पहचान के लिए वहाँ एक कैमिस्ट की दुकान की निशानी बनाई और रेस्टोरेंट की तलाश में निकल लिए। एक रेस्टोरेंट हमें मिल ही गया जहाँ वेज पिज्जा और फ्रेश जूस हमें तृप्त कर गया। हमने तसल्ली से खाया और अपनी तर्ज़ पर फिर से घूमने निकल गए। बाज़ार का दौरा किया। कुछ फ्रिज चुम्बक आदि खरीदे। कुछ और भी अपने हिसाब से तस्वीरें लीं। यहाँ चप्पे-चप्पे पर नीले रंग का जो सौंदर्य बिखरा पड़ा है उसे अपने कैमरे में समेटा। नीला रंग भी कितना सौष्ठव भर सकता है, यह पहली बार महसूस किया। फोटोग्राफी के शौकीनों के लिए तान्जिर स्वप्न नगरी है।

अब वापसी में बादल अधिक काले होने लगे थे। कुछ शाम का धुँधलका और कुछ श्यामघन की कालिमा, हम नीलकमनीयता को आँखों में बसा कर वापस तान्जिर में अपने आवास की ओर चल पड़े। नीले-नीले शहर से अब लाल-लाल शहर में आ

गए थे। आज तान्जिर में भी आसमान में बादलों का जमावड़ा था। हम शाम को भी होटल के कमरे में बैठे न रह सकते थे। आदत के मुताबिक हम तान्जिर के मुख्य तट 'मलाबता बीच व पार्क' में पहुँचे। हल्की बूँदा-बाँदी के बीच भी तट पर बने मलाबता पार्क में बच्चों के हुड़दंग चल रहे थे। तट पर किराए के स्कूटर व बग्गी वालों की भीड़ थी। युवा क्वैड बाइक राइड कर खुश हो रहे थे। छतरी और रोशनी वाले सजावटी रिक्शॉ भी थे। हमने ऐसे ही मजे के लिए तट के एक किनारे से दूसरे तक के लिए रिक्शॉ किया। मलेशिया के बाद मोरोक्को में रिक्शॉ की सवारी का आनंद मिला। फिर पैदल ही वापस आए और मलाबता के सामने भारतीय भोजनालय 'क्ले ऑवन' में रात्रिभोज के लिए गए। अंदर से इस रेस्टोरेंट की पंजाबी, राज्स्थानी और हरियाणवी मिश्रित सजावट बहुत भाई। उसमें हमने वेज बिरयानी खाई और वापस होटल आ गए।

अगले दिन होटल में नाश्ते में भी कुछ लोकल शाकाहारी व्यंजन परोसे गए थे। हमने इनका स्वाद चखा। मसिमन, हरशा, शेबाकिया, पोच्ड पेयर्स आदि।

शेबाकिया एक मीठा व्यंजन है। आटे अथवा मैदा में दालचीनी, सौंफ और केसर मिलाकर गूँथा जाता है। इसकी लम्बी पट्टी बनाकर फूल की तरह लपेटा जाता है। इसे तेल में तलकर इस पर चाशनी या शहद लपेटकर सफेद तिल छिड़के जाते हैं। कुल मिलाकर यह शक्करपारे जैसा स्वाद देता है।

हरशा या बतबूत टिक्की के जैसा दिखता

है। यह कई प्रकार के अनाज व आटे के मिश्रण से बनता है। मक्का का आटा इसमें मुख्य स्थान रखता है। इसमें सब्ज़ियाँ भरकर या बिना सब्ज़ी के गोल टिक्की बनाकर उथले तवे पर कम घी में सेंका जाता है।

मसिमन एक प्रकार से चीज़ की रोटी है। जैसे परांठे के अंदर थोड़ा चीज़ लपेटकर उसे चौकोर बेल लिया जाए और तवे पर सेंक लिया जाए तो मसिमन बन जाता है। मसिमन मिलने के बाद हमारे लिए परोसी जाने वाली सब्ज़ियाँ खा पाना आसान हो गया। पोच्ड पेयर्स या नाशपाती का मुरब्बा यहाँ खाने के बाद मीठे में खाया जाता है। यह शक्तिदायक और पोषण से भरपूर होता है। आज इन्हीं सब नए-नए व्यंजन के स्वाद चखे गए। आज का दिन तान्जिर में आखिरी दिन था।

यह दिन यहाँ की सांस्कृतिक धरोहरों को जानने-समझने के लिए था। आज हम अपनी सूची में से 'ला कसबाह दे तान्जिर', 'पैलेस दे ला कसबाह', 'बाब अल बहर', 'बाब हाहा', 'पैलेस मूले हाफ़िद', 'विला हेरिस पार्क', 'विला हेरिस म्यूज़ियम' तथा कोई अच्छा-सा बीच आदि, ये सब लेकर निकले।

'ला कसबाह दे तान्जिर' और 'म्यूसी दे कल्चर्स मेडिटरेनीम्र्स' यानी संक्षेप में कसबाह म्यूज़ियम, होटल से लगभग सात किलोमीटर दूर था। आज की अन्य दर्शनीय जगहें भी आस-पास ही थीं। 15 मिनट में हम वहाँ पहुँच गए किंतु तंग गलियों से होकर गुज़रते हुए यह मुश्किल से ही हाथ आया। कुछ अन्य विदेशी पर्यटक भी रास्ते में मिले मगर हैरानी हुई कि उन्हें भी इसकी जानकारी न थी। यह अमूमन दस बजे से खुलता है।

कसबाह म्यूज़ियम में भूमध्यसागरीय संस्कृति भरी हुई है जहाँ इतिहास और कला का प्रचुर संगम झलकता है। इसमें संग्रहीत वस्तुएँ कक्ष के भीतर और खुले आसमान के नीचे, दोनों प्रकार से प्रदर्शित हैं। यह पूर्व सुल्तान के महल में बनाया गया है। यह संग्रहालय सभ्यताओं के विकास के मार्ग में चौराहे की तरह तान्जिर की उपस्थिति को रेखांकित करता है। यहाँ पता चलता है कि अफ्रीका, यूरोप, एशिया ने किस प्रकार अपने सपने, भाषाएँ और संस्कृतियाँ फैलाई हैं। प्रत्येक कक्ष एक अंतरंग कहानी कहता हुआ उस संस्कृति को बखान करता है जिसने समुद्र किनारे बसे इस शहर को अद्यतन रूप दिया। यह याद दिलाता है कि तान्जिर का आकर्षण इसके श्रेष्ठ दृश्यों में ही नहीं इसके उस पक्ष में भी है जो इसके तट को इतिहास जगत से जोड़ता है।

इस संग्रहालय में कई रियाद हैं जिनका बीच वाला खुला आँगन मोज़ेक रीति में छोटी-छोटी टाइलों की पेंटिंग से बना है। अब इसके अधूरे-से प्रतीत होते उधड़े चित्र से राजाओं की वैभव गाथा और विलास प्रकृति प्रकट होती थी। तान्जिर शहर के इस्लामीकरण का इतिहास भी इस संग्रहालय में दर्ज है।

किसी अन्य संग्रहालय की ही तरह इसमें भी पुराने समय के लकड़ी के नक्काशीदार दरवाज़े दीवार पर सँभालकर सजाए गए थे। चारों ओर कमरे वाले अहाते में मोज़ेक की टाइलें और खास मोरक्कन काम वाले लैम्प इत्यादि हमें पुरातन काल में ले

जाते थे। हमने इसके कई कक्षों का निरीक्षण किया। तरह-तरह के पत्थर, औजार, बर्तन, मिट्टी के मर्तबान, आभूषण, भंडारगृह, भित्तीचित्र, राजाओं के सिंहासन, अस्त्र व कवच, मूर्तियों के भग्नावशेष थे। खुले आँगन में एक चबूतरे के ऊपर स्थापित एक नग्न मूर्ति ने अपनी तस्वीर लेने को बाध्य किया और जाना कि यह ईसा पूर्व के एक रोमन एथलीट की मूर्ति है जिसका मूल रूप ग्रीस में है। इस मूर्ति ने बरबस हमारा ध्यान खींचा क्योंकि ऐसी ही मूर्ति हमने बेल्जियम के एक चौराहे पर देखी थी जिसे 'मैनिकन पिस' कहते हैं।

इस संग्रहालय के साथ लगा हुआ था- **'पैलेस दे ला कसबाह'**। इसके यहाँ होने के कारण इस सड़क का भी यही नाम था। इस सड़क के अंत पर एक विराट दरवाज़ा लाल ईंटों का बना बाहर के दृश्य दिखाता था। वहाँ लगी भीड़ हमें अपनी ओर खींच रही थी लेकिन हमने पहले कसबाह पैलेस देखकर ही बाहर जाने का निश्चय किया।

विस्मित कर देने वाली बात यह थी कि इस महल में आर्ट गैलरी यानी कला प्रदर्शनी लगी थी सो लगे हाथ वह भी देख ली। इसमें क्यूबा के मशहूर नक्शानवीसी यानी मानचित्रकार विफ्रेडो लाम की मानचित्रकारी थी। क्यूबाई चित्रकार द्वय डोलोरे सोल्डेविला और संदु डार्ले की रीति से हटकर बनी कलात्मक पेंटिंग भी लगी थीं। बीसवीं सदी के उत्तरार्द्ध में क्यूबाई कला में क्रांतिकारी परिवर्तन हुए। आकृतीय कला के वर्चस्व के विपरीत कलाकारों ने अमूर्त और भावनात्मक चित्रकारी को अपनाया। उपरोक्त दोनों चित्रकार ने इसी क्यूबाई कला को श्रद्धांजलि देते हुए नए मूल्यों और मान्यताओं को दर्शाया है जिसमें मूर्त रूप के स्थान पर प्रकाश, रंग और निराकारजन्य भावों को प्रधानता मिली है।

कुछ ऐसे ही विचित्र चित्रों का उल्लेख भी किए देती हूँ। लकड़ी के फ्रेम में कसे हुए लकड़ी की छोटी-छोटी टाइलों से ज्यामितीय आकृतियों का निर्माण, ऐसी पेंटिंग से एक दीवार पूरी भरी थी। पर्यावरण को बचाते हुए कुछ अपशिष्ट अथवा व्यर्थ पदार्थों के इस्तेमाल से भी पेंटिग की रचना की गई थी। एक चित्र में समुद्र में बहती एक नाव

को पोथियों व ग्रंथों से लदा हुआ दिखाया गया था। यह तैल-चित्र वाकई में बहुत कुछ कहता है। एक चित्र में हवाईजहाज जैसी आकृति के भीतर बहुत सी मानवीय आकृतियाँ पलायन, आप्रवासन और शरणार्थ के भावों को प्रदर्शित कर रही थीं। ऐसे भाव-प्रवण चित्रों से प्रदर्शनी भरपूर थी। कलाकृतियों में ठठेरे, लुहार, बढ़ई आदि के काम की कलाकृतियाँ भी मौजूद थीं।

कुछ ही चित्रों में बहुत-सा संसार समझकर हम बाहर आए और 'बाब अल बहर' के नीचे से दीवार के उस ओर पहुँचे तो वहाँ का नज़ारा देख हमारी आँखें आश्चर्य से फैल गईं। कसबाह छोटी पहाड़ी पर होने का तो अनुमान हमें था किंतु यह पहाड़ी के उस छोर पर है कि यहाँ के बहर बाब से पूरा तान्जिर पोर्ट दिखता होगा, यह अंदाज़ा हमें नहीं था। हालाँकि हमें नाम से यह स्वयं ही जान लेना चाहिए था। 'बाब' का अर्थ दरवाज़ा भी हमें मालूम था और 'बहर' का अर्थ समुद्र भी।

'बाब अल बहर' एक बहुत बड़े किले की ऊँची दीवार में बना था अत: उस ओर समुद्र होगा जिसे हम ऊँचाई से देख रहे होंगे, यह अहसास बहुत लुभावना था। यहाँ से तान्जिर के बंदरगाह का पूरा विहंगम दृश्य मिलता था। यहाँ तक कि बंदरगाह पर आए एक विराट क्रूस शिप का लुत्फ़ भी मिल रहा था। बंदरगाह पर जहाजों के खड़े होने की जगहें, मरम्मत के स्थान और सामान चढ़ाने-उतारने के डॉक सब बहुत

साफ़ दिखाई दे रहे थे। लगता था कि हम हॉट एयर बेलून से यह सब देख रहे हों। यहाँ पर कुछ स्थानीय समान की बिक्री वाले भी मौजूद थे। हम काफ़ी देर तक इस दृश्य को एकटक निहारते रहे।

यहाँ से बाहर निकलकर सामने ही 'बाब हाहा' भी देखा। वह अब बहर दरवाज़े के तुलना में तुच्छ प्रतीत हुआ। इसका महत्त्व यही था कि यह ऊँचाई से नीचे कसबाह की रिहाइश की ओर ले जाता है। एक बार फिर कसबाह मदीना से गुज़रते हुए हमने कुछ बहुत ही आकर्षक मार्केट और दुकानों के चित्र निकाले। कुछ स्थानीय लोगों के साथ बातचीत की और उनकी सहमति से उनके चित्र भी उतारे। हमारा अगला पड़ाव 'पलेस मूले हाफ़िद' था। पलेस स्पेनी भाषा का शब्द है जो अंग्रेज़ी में पैलेस हो जाता है। यह यहाँ से लगभग 3 किलोमीटर दूर पहाड़ी सड़कों पर 12 मिनट का ड्राइव कर के था।

कार खड़ी करने की समस्या को देखते हुए कुछ दूरी पर ही जैसे ही जगह मिली, कार टिकाई और पैदल ही हम इस नए महल को देखने के लिए निकले। उसके पास पहुँचकर जाना कि इसे अब इटालियन इंस्टीट्यूशन में बदल दिया गया है और इंस्टीट्यूशन बंद होने के कारण यह बंद था किंतु हमने हार नहीं मानी और इसके रख-रखाव करने वाले मोरक्कन व्यक्ति से बातचीत की। उसने हम पर दया दिखाते हुए हमें इसमें पीछे से आने का रास्ता दिखाया और हमारे गाइड की तरह हमें सारी जानकारी दी।

पैलेस मूले हाफ़िद एक शानदार महत्त्वपूर्ण ऐतिहासिक महल है। इसका निर्माण 1912 में इटली के स्थापत्य कला के आधार पर, सुल्तान अब्दल हाफ़िद की रिहाइश के लिए हुआ था। इसमें बड़े-बड़े कमरे गैलरी से बँधे हुए कतार में हैं। चारों ओर कमरे और बीच में एक बड़ा सा बगीचा है। ऊँचे कमरों में मंत्रमुग्ध करने वाला रंगीन टाइल तथा प्लास्तर का काम है, संगमरमर के फर्श व लकड़ी की नक्काशी की छतें हैं। प्रत्येक कमरे की छत से लटकता हुआ बेशुमार खूबसूरत मोरक्कन झूमर है। इन बड़े-से कमरों की खिड़कियाँ बाहर गैलरी में और गैलरी के खम्भों के बीच के झरोखे बगीचे में खुलते हैं। इन कमरों के दरवाज़े बहुत कलात्मक थे। सफेद महल में लाल-पीले रंग के दरवाज़े बहुत आकर्षक लग रहे थे। गैलरी के एक सीध में लगे हुए खम्भे दूर तक जाते बहुत सुंदर लग रहे थे। गैलरी से चार सीढ़ियाँ नीचे उतर बगीचे की प्राकृतिक शोभा को फव्वारों, चबूतरों, बैंचों और चलने के लिए गलियारों की मदद से और खूबसूरत बनाया गया था। फूलवाले पौधों से लेकर बड़े पेड़ इसमें थे। मजे की बात यह थी कि महल के रखवाले ने हमें इसके बारे में बहुत विस्तार से बताया किंतु वह अंग्रेज़ी ज़ुबान न जानता था तो सब कुछ अरबी में ही बताया जिसमें से कुछ हमारे पल्ले पड़ा और बहुत कुछ सिर के ऊपर से निकल गया।

अब दोपहर हो चुकी थी और हमें शाम को बुलेट ट्रेन से वापस कासा के लिए निकलना था तो हमने होटल जाकर चेक-आऊट किया और 'क्ले ऑवन' में खाना खाया। इसके बाद हमें 'विला हैरिस' देखना था जिसके सामने से इन चार दिनों में कई बार गुज़रे थे। यह एक बिना बाऊंड्री वाला खुला बड़ा पार्क था। जिसमें पूरे मैदान में घास का कालीन बिछा था। नए पौधों से लेकर शताब्दी पुराने पेड़ भी अपनी उपस्थिति पर इतरा रहे थे। पार्क के मध्य 'विला हैरिस म्यूसी' नामक एक संग्रहालय भी था। आज की तारीख में बहुत संग्रहालय हो गए थे तो और देखने की हमारी इच्छा न थी। हमने पार्क में खेलते और झूला झूलते बच्चों को देखकर मन बहलाया और कुछ झूलों पर स्वयं भी झूले। वहाँ पर बच्चों के आसपास ही घोड़ेवाले बच्चों को लालायित करते घूम रहे थे। कुछ बच्चे घोड़ों की सवारी भी कर रहे थे। बहुत-से वृद्धजन समय गुज़ारने के लिए पार्क में थे। पार्क में चहलकदमी करते-करते जब हम दूसरे छोर पर पहुँच गए तो हमने कुछ देर समुद्र तट पर बिताने का निश्चय किया। यहाँ से सामने ही 'कसीनो तान्जिर' की ओट में 'घंदूरी बीच' था। हमने वही चुना। इस पर कोई भीड़-भाड़ और शोर-शराबा न था। इस बीच पर विशाल चट्टानें इसे नैसर्गिक रूप से रमणीय बनाती थीं।

हम ऊँचाई वाली चट्टान पर, जिस पर आसानी से चढ़ा जा सके, चढ़कर बैठ गए ताकि दूर तक और दूर से आती-जाती समुद्री लहरों का आनंद ले सकें। लहरों का पानी चट्टानों की जमीन से दूर तक ही आ-जा रहा था तो हम निश्चिंत और सुरक्षित अनुभव कर रहे थे। ठंडी हवाएँ थपेड़े मार रही थीं। कुछ-कुछ घटाएँ भी हो चलीं थीं और हल्की बूँदा-बाँदी का अहसास होने लगा था। थोड़ी ही देर में समुद्र ने जैसे आक्रोश जताना शुरु किया और लहरों ने विशाल रूप धर चट्टान के ऊपर तक उछाल मारना शुरु कर दिया। ये लहरें जैसे ऊँची चट्टान पर झपट्टा सा मारने लगी थीं। पहले भी ऊँची लहरें देखी थीं लेकिन आज लहरें पिछले कुछ दिनों की तुलना में अप्रत्याशित रूप से अधिक ऊँची और रौद्र प्रतीत हो रही थीं। यहाँ हमने बहुत हैरतंगेज़ अनुभव किए जब लहरों ने एक विशालकाय दीवार का रूप लेकर तट की ओर बढ़ना शुरु किया और हम कुछ सोच-समझ पाते. इससे पहले ही उन 20-25

फुट ऊँची लहरों ने सहसा चट्टानों की कई मंज़िलें चढ़कर हमें सिर से पैर तक भिगो दिया। उनकी तीव्रता और गति इतनी प्रचंड थी कि वहाँ से हटने का मौका ही न था। उनका विकराल रूप मुझे साक्षात यमराज के दर्शन ही करा गया था। यह ही शुक्र की बात रही कि वे लहरें अपने साथ बहा न ले गईं। हमारे सारे बदन में झुरझुरी-सी दौड़ गई। उस खौफ़नाक दृश्य की कल्पना आज भी कँपा देती है।

कुछ देर वहीं हतप्रभ से बैठ हमने देखा कि समुद्र अब शांत हो चला है। जाने क्या प्राकृतिक हलचल हुई और वह आपदा उस क्षण ही बरसी थी, उसके बाद वह पुन: स्वाभाविक लहरों के रूप में आ गई। कुदरत की ऐसी शैतानी सुनी तो बहुत बार थी किंतु स्वयं ऐसी भयावहता से साक्षात्कार होगा, ऐसा न सोचा था। जान बची और लाखों पाए, वाली अनुभूति हो रही थी। गीले कपड़ों में ठंड लग रही थी तो हमने लिबास बदलने के लिए फिर से होटल की शरण ली। होटल के कर्मचारी भी यह किस्सा सुनकर स्तब्ध थे। हम स्वयं अभी तक सदमे में थे। हमारे पास अभी कुछ समय बाकी था किंतु अब हमारी हिम्मत जवाब दे चुकी थी। कपड़े बदलकर हमने होटल में ही कुछ देर विश्राम किया। वह खौफ़नाक दृश्य भुलाए न भूलता था। कॉफ़ी के मग में अपने आप को भुलाकर हमने तान्जिर से निकलने का काम किया।

किराए की कार को उसकी कम्पनी को लौटाया और टैक्सी पकड़ 'तान्जिर विले रेलवे' स्टेशन पर आ गए। स्टेशन पर बनी मॉल का मुआयना करने को भी हमें काफ़ी समय मिल गया। वहाँ के लगभग सभी शोरूम की अच्छी तरह पड़ताल की। एक सोरूम में अच्छी जैकेट मिल गई सो वह खरीद ली। निर्धारित बुलेट ट्रेन में सवार हुए। ट्रेन में हमारी मुलाकात हमारे सामने वाली सीट पर विराजी मोरक्कन माँ-बेटी से हुई। वे हम भारतीयों को मोरक्को में देखकर बहुत उत्साहित थीं। उन्हें यह जानकर अच्छा लगा कि हमने पूरे आठ दिन मोरक्को में गुज़ारे हैं और चार मुख्य शहरों का आनंद लिया है। उन्होंने हमें अगली बार 'फैस' और रेबात' भी घूम आने की सलाह दी। बातचीत करते समय का पता नहीं चला और हम रात नौ बजे तक कासाब्लांका पहुँच गए। इस दिन के लिए भी आइबिस होटल में कमरा आरक्षित कर छोड़ा था क्योंकि स्टेशन से सटा हुआ होने के कारण इसके लिए टैक्सी आदि

की आवश्यकता न थी। वहीं रैन बसेरा किया। इसके बाद एक दिन कासाब्लांका में पुनः गुजारकर अपनी प्रिय टर्किश एयरलाइन से दुबई लौट आए।

कृतिकार परिचय

डॉ. आरती 'लोकेश' गोयल

जन्मतिथि	:	1 जून
जन्मस्थान	:	गाज़ियाबाद, उत्तर प्रदेश
माता-पिता	:	श्रीमती शारदा रानी, श्री महेन्द्र कुमार गुप्ता
शिक्षा	:	बी.ए., बी.एड., एम.ए.(अंग्रेज़ी), एम.ए.(हिन्दी), पी.एच.डी.(हिन्दी)
विशेष उपलब्धियाँ	:	यू.ए.ई. सरकार द्वारा **'ऑथर' गोल्डन वीसा** (10 वर्ष के लिए, 2034 तक वैध) अंगेज़ी स्नातकोत्तर में कॉलेज में **द्वितीय** स्थान, हिन्दी स्नातकोत्तर में विश्वविद्यालय **स्वर्ण पदक**
अभिरुचियाँ	:	अध्ययन, अध्यापन, लेखन, संगीत, चित्र कला, भ्रमण

सम्प्रति :

- अध्यक्ष, पाठ्यक्रम निर्माण (हैड ऑफ़ करिकुलम), वुडलेम पार्क स्कूल, दुबई, यू.ए.ई.
- एड्जंक्ट फैकल्टी, बनस्थली विद्यापीठ, राजस्थान

- संस्थापक अध्यक्ष, वागीश अंतरराष्ट्रीय संस्था, यू.ए.ई.
- निदेशक विश्वरंग यू.ए.ई. महोत्सव, टैगोर यूनिवर्सिटी
- अध्यक्ष, अंतरराष्ट्रीय हिंदी केंद्र, यू.ए.ई. शाखा, आर,एन.टी.यू.
- मार्गदर्शिका, अनुशीलन समूह, यू.ए.ई. एवम् अथक चेष्टा ट्रस्ट यूनिवर्सल
- मार्गदर्शक, 'भोर' अंतरराष्ट्रीय पत्रिका
- संरक्षक व संपादक मंडल सदस्य, साहित्यिक ई-पत्रिका 'संचेतना के स्वर'
- सहयोगी, पत्रिका 'साहित्य का विश्वरंग', नीदरलैंड
- विदेश सचिव, निर्मला स्मृति साहित्यिक समिति
- सम्पादक 'अनन्य यू.ए.ई' भारतीय कौंसलावास न्यू यॉर्क, यू.एस.ए.
- संपादक, वैश्विक हिंदी संस्थान एवं श्री रामचरित भवन, ह्यूस्टन, यू.एस.ए.
- क्षेत्रीय संपादक, इंडियन जर्नल ऑफ़ सोशल कंसर्न्स
- पूर्व उप-संपादक, सामयिक परिवेश, अंतरराष्ट्रीय अध्याय
- प्रतिनिधि संवाददाता यूएई, प्रणाम पर्यटन
- समन्वयक यूएई हिन्दी दिवस 2021, विश्व हिन्दी सचिवालय, मॉरीशस
- महासचिव, अंतरराष्ट्रीय काव्य प्रेमी मंच यू.ए.ई. शाखा
- एन.एल.पी. आधारित प्रशिक्षण संस्था 'ओनली सक्सैस' की प्रमाणित प्रशिक्षिका, लाइसैंस नं. OS7Z-0055

प्रकाशित पुस्तकें :

1. उपन्यास: 'रोशनी का पहरा'(2015), द्वितीय संस्करण (2022)
2. उपन्यास: 'कारागार'(2018), द्वितीय संस्करण (2022)
3. उपन्यास: 'निर्जल सरसिज' (2022)
4. उपन्यास: 'ऋतम्भरा के सौ द्वीप' (2022)
5. काव्य-संग्रह: काव्य-रश्मि (2018)
6. काव्य-संग्रह: 'छोड़ चले कदमों के निशाँ' (2020)
7. काव्य-संग्रह: 'प्रीत बसेरा" (2020)
8. काव्य-संग्रह: षड्गंधा (2023)
9. हाइकु संग्रह: नट कुंडली (2026)
10. शोध ग्रंथ:- 'रघुवीर सहाय के गद्य में सामाजिक चेतना' (2017)
11. यात्रा वृत्तांत संग्रह: 'झरोखे' (2019)
12. यात्रा वृत्तांत संग्रह: 'सात समुंदर पार' (2024)
13. लघुकथा-संग्रह: 'दूर्वादल' (2023)
14. कथा संग्रह: 'साँच की आँच' (2021)
15. कथा संग्रह: 'कुहासे के तुहिन' (2022)
16. कथा संग्रह: ''फ़िबोनाची वितान' (2024)
17. कथेतर गद्य: 'कथ्य-अकथ्य' (2022)

18. कथेतर गद्य: 'अश्रुत श्रव्य' (2023)
19. कथेतर गद्य: 'स्याह धवल' (2025)
20. 'होनहार बिरवान': यू.ए.ई. के बालकवियों की हिंदी कविताओं का संग्रह (2021)
21. 'डॉ. अशोक कुमार मंगलेश : काव्य एवं साहित्य चिंतन' (2022)
22. 'सोच- हिन्दी इमाराती चश्मे से': यू.ए.ई. के प्रवासी भारतीय रचनाकारों का पद्य-गद्य संकलन (2021)
23. 'अनन्य कृति यू.ए.ई.': यू.ए.ई. के रचनाकारों की रचनाओं का संकलन व संपादन, जुलाई 2023
24. 'यू.ए.ई. की चयनित रचनाएँ' – स्वर्ण सचान काव्यजग (यू.ए.ई. के कविताओं का संकलन-संपादन 2023, टैगोर विश्वविद्यालय, भोपाल से प्रकाशित)
25. 'अनन्य संचय यू.ए.ई.': यू.ए.ई. के 51 रचनाकारों की 100 रचनाओं का संकलन व संपादन, जुलाई 2024
26. 'वागीश वैश्विक लघुकथाएँ': देश-विदेश की चयनित 155 लघुकथाएँ -संकलन, संपादन व प्रकाशन, दिसम्बर 2024

सम्पादित :

1. 'अनन्य यू.ए.ई.' अगस्त 2022 अंक
2. 'अनन्य यू.ए.ई.' सितम्बर 2022 अंक
3. 'अनन्य यू.ए.ई.' अक्तूबर 2022 अंक
4. 'अनन्य यू.ए.ई.' नवम्बर-दिसम्बर 2022 अंक
5. 'अनन्य यू.ए.ई.' जनवरी-फरवरी 2023 अंक
6. 'अनन्य यू.ए.ई.' मार्च-अप्रैल 2023 अंक – लघुकथा विशेषांक
7. 'अनन्य यू.ए.ई.' मई-जून 2023 अंक – कथेतर गद्य विशेषांक
8. 'अनन्य यू.ए.ई.' जुलाई-अगस्त 2023 अंक
9. 'सामयिक परिवेश' अप्रवासी भारतीय विशेषांक मार्च 2021
10. 'अनन्य विश्व' सितम्बर-अक्तूबर 2024 अंक

सह-सम्पादित :

1. 'राम काव्य पीयूष' काव्य-संग्रह (श्री राम चरित भवन, ह्यूस्टन, यू.एस.ए.)
2. 'कृष्ण काव्य पीयूष' काव्य-संग्रह (श्री राम चरित भवन, ह्यूस्टन, यू.एस.ए.)
3. 'सोच- हिन्दी इमाराती चश्मे से' (डीकॉम डिज़ाइन कम्पनी, दुबई, यू.ए.ई.)
4. 'सामयिक परिवेश' अप्रवासी भारतीय विशेषांक मार्च 2021
5. 'इंडियन जर्नल ऑफ़ सोशल कंसर्न्स', रिसर्च जर्नल ऑफ़ ह्यूमैनिटीज़ एंड सोशल साइंसिज अंक 44 से अब तक
6. 'भारत काव्य पीयूष' काव्य-संग्रह (श्री राम चरित भवन, ह्यूस्टन, यू.एस.ए.)
7. 'वैश्विक लघुकथा पीयूष' (वैश्विक हिंदी संस्थान, ह्यूस्टन, यू.एस.ए.) 2024

सम्मान एवं पुरस्कार :

1. 'आप्रवासी हिंदी साहित्य सृजन सम्मान' व 2000 डॉलर की राशि महात्मा गाँधी संस्थान, मोका मॉरीशस, भारत व मॉरीशस सरकार द्वारा संयुक्त, 8 मार्च 2023
2. 'प्रवासी महाकवि प्रो. हरिशंकर 'आदेश' स्मृति साहित्य सम्मान' (निर्मला स्मृति साहित्यिक संस्था द्वारा) 5 सितम्बर 2022
3. 'काव्य विभूषण' सम्मान (वैश्विक हिंदी संस्थान, ह्यूस्टन, यू.एस.ए. द्वारा) 10 जनवरी 2023
4. कथा-दर्पण साहित्यिक संस्था द्वारा 'लघुकथा विभूषण' सम्मान-पत्र, 14 जनवरी 2024
5. 'अक्षरवार्ता अंतरराष्ट्रीय शोध साहित्य उत्कृष्ट अवार्ड 2023' (कृष्णबसंती शैक्षणिक एवं सामाजिक जनकल्याण समिति, उज्जैन, मध्य प्रदेश) 10 अगस्त 2023
6. 'छत्तीसगढ़ मित्र अंतरराष्ट्रीय हिंदी सम्मान' (छत्तीसगढ़ मित्र, शोध प्रकल्प, राष्ट्रीय हिंदी अकादमी, मणिबेन नानावटी महिला महाविद्यालय, मुंबई) 14 सितम्बर 2023
7. 'आचार्य श्री सम्मान' (रेडियो मेरी आवाज़ द्वारा ग्लोबल अवार्ड), 8 अक्तूबर 2023
8. 'श्री रघुवीर सहाय सक्सेना स्मृति सम्मान' ('कलम प्रिया लेखिका साहित्य संस्थान' जयपुर द्वारा 'स्मृति सम्मान योजना') उपन्यास 'निर्जल सरसिज' को व राशि ₹ 2100/-, 14 अक्तूबर 2023
9. 'स्व. रामेंद्र तिवारी सम्मान' (कादम्बरी, संस्कारधानी अंतरराष्ट्रीय सांस्कृतिक एवं सामाजिक संस्था, जबलपुर) तथा ₹ 5000/- की राशि समग्र लेखन के लिए, 4 नवम्बर 2023
10. 'रंग राची सम्मान' (शब्द शक्ति साहित्यिक संस्था द्वारा) 30 अक्तूबर 2022
11. 'शिक्षा रत्न' सम्मान (रेडियो मेरी आवाज़) 12 अक्तूबर 2022
12. 'हिंदी शिक्षक सम्मान' ('हिंदुस्तानी भाषा भारती' अकादमी, दिल्ली द्वारा अंगवस्त्र एवं सम्मान-समारोह दुबई), 2 दिसम्बर 2018
13. 'शब्द शिल्पी भूषण सम्मान' (इंस्टीट्यूट ऑफ़ मैनेजमेंट एंड टैक्नोलोजी, उत्तर प्रदेश भाषा संस्थान लखनऊ, इंडियन जरनल ऑफ़ सोशल कंसर्न्स द्वारा प्रदत्त) 13 अगस्त 2022
14. 'प्रज्ञा सम्मान' (प्रज्ञा साहित्यिक मंच रोहतक द्वारा प्रदत्त) 23 अगस्त 2022
15. 'निर्मला स्मृति हिन्दी साहित्य रत्न सम्मान' (निर्मला स्मृति साहित्यिक संस्था द्वारा) 25 सितम्बर 2021
16. 'प्रवासी भारतीय समरस श्री साहित्य सम्मान' (समरस संस्थान अंतरराष्ट्रीय साहित्य सृजन द्वारा) 11 मार्च 2021
17. 'शब्द निष्ठा सम्मान' आचार्य रत्न लाल विद्यानुग स्मृति अखिल भारतीय संस्थान 9 अप्रैल 2022
18. 'शब्द निष्ठा सम्मान' आचार्य रत्न लाल विद्यानुग स्मृति अखिल भारतीय संस्थान 18 जुलाई 2023
19. 'भारत माता अभिनंदन सम्मान' भारत माता अभिनंदन संगठन, भिवानी, हरियाणा द्वारा 2 अगस्त 2023
20. 'हिंदी सेवी सम्मान' कलम की सुगंध विज्ञात प्रकाशन द्वारा, 14 सितम्बर 2023
21. 'काव्य महारथी सम्मान' सामयिक परिवेश अंतरराष्ट्रीय संगठन द्वारा सामयिक परिवेश

अंतरराष्ट्रीय पत्रिका में योगदान के लिए, 2 नवम्बर 2022

22. 'नारी शक्ति सम्मान' द्वारा शुभ संकल्प समूह, 6 मार्च 2024

23. विश्व हिंदी सचिवालय मॉरीशस में विश्वरंग 2024 के त्रिदिवसीय आयोजन में दूसरे दिन 'अभिमन्यु अनत कक्ष' में दुशाला, पुष्प व स्मृति चिह्न भेंट प्राप्त व सम्मान पत्र, 8 अगस्त 2024

24. विश्व हिंदी सचिवालय मॉरीशस में विश्वरंग 2024 के त्रिदिवसीय आयोजन में तीसरे दिन मुख्य सभागार में मॉरीशस के पर्यटन विभाग द्वारा स्मृति चिह्न भेंट प्राप्त, 9 अगस्त 2024

25. निर्दलीय संस्था के 51वें साहित्योत्सव में 'अंतरराष्ट्रीय साहित्य सम्मान' 7 जुलाई 2024

26. हिंदी की गूँज टोक्यो जापान द्वारा 'हिंदी साहित्य रत्न' सम्मान, 14 सितम्बर 2024

27. निर्मला स्मृति साहित्यिक समिति द्वारा वाषिक महोत्सव कुरुक्षेत्र की महान ऐतिहासिक-धार्मिक पावन धरती पर 'प्रेरणा वृद्ध आश्रम' में 'निर्मला अंतरराष्ट्रीय हिंदी साहित्य सेवी सम्मान', 29 सितम्बर 2024

28. वैश्विक हिंदी संगठन नीदरलैंड्स तथा आचार्यकुल भारत के संयुक्त तत्त्वावधान में 'अंतरराष्ट्रीय वेद, साहित्य और संस्कृति सम्मेलन' में 'प्रो. सर्वपल्ली राधाकृष्णन सम्मान', 27 दिसम्बर 2024

29. काव्य-संग्रह 'षड्गंधा' को जयपुर साहित्य संगीति विशेष ज्यूरी सम्मान से अलंकृत, 3 नवम्बर 2024, सम्मान समारोह, 12 जनवरी 2025

30. काव्य-संग्रह 'षड्गंधा' को 'डॉ. संजीव कुमार काव्य रत्न' सम्मान, ₹ 11000/-, अंतरराष्ट्रीय विश्व मैत्री मंच द्वारा, 16 फरवरी 2025

31. 'वैश्विक हिंदी साहित्य सम्मान' प्रांति इंडिया द्वारा तथा उपन्यास 'रोशनी का पहरा' को चाँदी का सिक्का, वाराणसी, 10 जनवरी 2025

32. सहकार महर्षि तात्यासाहब कोरे हिंदी सेवी सम्मान' 2025, यशवंत चव्हाण वारणा विश्वविद्यालय, शिवाजी विश्वविद्यालय कोल्हापुर, 10 जनवरी 2025

33. अबु धाबी यूनिवर्सिटी दुबई द्वारा हिंदी के प्रचार-प्रसार व योगदान के लिए सम्मानित, 10 जनवरी 2025

34. साहित्य संचय शोध संवाद फाउंडेशन द्वारा दो दिवसीय सेमिनार में 'साहित्य संचय गौरव सम्मान', 11 जनवरी 2025

35. हिंदी के साथ जापानी भाषा में 'अति विशिष्ट महिला सम्मान' जापान की अग्रणी पत्रिका 'हिंदी की गूँज' द्वारा, 8 मार्च 2025

36. 'द न्यू भारत' द्वारा 'महादेवी वर्मा अंतरराष्ट्रीय साहित्य सम्मान 2024-25' विश्व कविता दिवस पर, 21 मार्च 2025

37. 'रूट्स टू हिंदी शिकागो, यू.एस.ए.' द्वारा 'रूट्स की बातें' आत्मीय वार्ता के लिए सम्मान-पत्र, 17 मई 2025

38. 'वूमैन'स प्रेस क्लब' तथा 'शुभ संकल्प' समूह, इंदौर द्वारा डॉ. सुनीता श्रीवास्तव दीदी के सौजन्य से बालकों की शिक्षा पर विचार रखने हेतु प्रमाण-पत्र, 16 जुलाई 2025

39. बाल प्रहरी तथा बाल साहित्य संस्थान, अल्मोड़ा, उत्तराखंड द्वारा 'विश्व मैत्री दिवस के अवसर पर सम्मान-पत्र, 3 अगस्त 2025

40. ‘शुभ संकल्प एवं हुनर फ़ोक्स एकेडेमी’ द्वारा सम्मानित 16 मार्च 2023
41. ‘सर्वश्रेष्ठ सम्पादकीय योगदान सम्मान’ श्री राम चरित भवन ह्यूस्टन, यू.एस.ए. 3 अक्तूबर 2022
42. भारतीय दूतावास, आबुधाबी द्वारा प्रशस्ति पत्र, 10 जनवरी 2023
43. भारतीय कौंसलावास दुबई द्वारा प्रशस्ति पत्र (3), 10 जनवरी 2022, 7 फरवरी 2022, 15 जनवरी 2023
44. भारतीय दूतावास आयरलैंड द्वारा शुभकामना पत्र, 30 September 2022
45. हिंदी परिषद नीदरलैंड्स एवं अंतरराष्ट्रीय हिंदी संगठन नीदरलैंड्स द्वारा हिंदी भाषा के प्रचार-प्रसार में योगदान हेतु प्रशस्ति-पत्र, 28 मई 2024
46. वर्ल्ड बुक ऑफ़ रिकॉर्ड्स लंडन द्वारा प्रशस्ति पत्र, 21 October 2021
47. भारत उत्थान न्यास कानपुर द्वारा प्रशस्ति-पत्र, 9 जून 2024
48. ‘ग्लोबल भारत फेस्टिवल’ दुबई 2024 द्वारा प्रशस्ति-पत्र, 18 मई 2024
49. विश्व हिंदी संगठन, नई दिल्ली द्वारा मुख्य अतिथि व्याख्यान देने के लिए प्रशस्ति-पत्र, 30 अप्रैल 2024
50. निर्मला स्मृति साहित्यिक समिति द्वारा वार्षिक महोत्सव का कुरुक्षेत्र की महान ऐतिहासिक-धार्मिक पावन धरती पर अवस्थित ‘प्रेरणा वृद्ध आश्रम’ में मुख्य अतिथि का कर्त्तव्य निर्वहन, 29 सितम्बर 2024
51. यू.ए.ई. के ‘समुदाय विकास मंत्रालय’ की ओर से ‘सीनियर सिटिज़न हैप्पीनेस सेंटर’ अजमान में 4 अक्तूबर को आयोजित ‘अंतरराष्ट्रीय वयोवृद्ध व्यक्ति दिवस’ के अवसर पर विशेष प्रतिभागिता प्रमाण-पत्र
52. दुबई सरकार द्वारा विश्वस्तरीय महायोजन ‘एक्सपो 2020’ में भारतीय मंडप की संस्कृति प्रतिस्पर्धा में प्रथम स्थान पर भारतीय मंडप द्वारा प्रणाम-पत्र, 26 जनवरी 2022
53. विश्व हिंदी सचिवालय तथा टैगोर अंतरराष्ट्रीय साहित्य एवं कला महोत्सव ‘विश्वरंग’ 2024 मॉरीशस में प्रशस्ति-पत्र, 9 अगस्त 2024
54. ‘भारत उत्सव’ 2024 दुबई यू.ए.ई. द्वारा 78वें स्वतंत्रतता दिवस पर आयोजित समारोह के लिए प्रशस्ति-पत्र, 16 अगस्त 2024
55. अंतरराष्ट्रीय काव्य प्रेमी मंच द्वारा प्रशस्ति-पत्र, 30 अक्तूबर 2021
56. वैश्विक हिंदी संस्थान ह्यूस्टन, यू.एस.ए. द्वारा प्रशस्ति-पत्र, 2-3 अक्तूबर 2021
57. रेडियो ‘मेरी आवाज़’ ओमान व यू.एस.ए. द्वारा 101 प्रभावशाली महिलाओं की सूची में स्थान व प्रशस्ति-पत्र, 8 मार्च 2022
58. ‘शैक्षिक आगाज’ तथा ‘लिटिल हैल्प ट्रस्ट’ द्वारा नारी-सशक्तिकरण में योगदान के लिए प्रशस्ति-पत्र, 8 मार्च 2022
59. ‘नवचेतना’ अंतरराष्ट्रीय समूह दोहा, कतर द्वारा सम्मान-पत्र, 3 सितम्बर 2022
60. बालसाहित्य संस्थान, अल्मोड़ा, उत्तराखंड द्वारा ‘विश्व मैत्री दिवस’ पर सम्मान-पत्र, 30 जुलाई 2023
61. ‘पाती अपनों की मुहिम’ सम्मान पत्र, द्वारा पाती अपनों की मुहिम, 5 सितंबर 2024

62. श्री राम चरित भवन ह्यूस्टन यू.एस.ए. द्वारा पाँच वर्षों में योगदान के लिए प्रशस्ति-पत्र, 1 अप्रैल 2025
63. 'शेयर योर ह्यूमैनिटी वैश्विक मंच' कतर द्वारा प्रशस्ति-पत्र, 10 नवम्बर 2022
64. अंतरराष्ट्रीय महिला दिवस' पर शुभ संकल्प द्वारा राष्ट्रीय अवार्ड से सम्मानित 16 मार्च 2023
65. नववर्ष के अवसर पर बाल प्रहरी संस्था के निमंत्रण पर विशिष्ट अतिथि की भूमिका निभाने पर सम्मान-पत्र, 1 जनवरी 2023
66. 'नारी शक्ति सम्मान', शुभ संकल्प समूह द्वारा, 6 मार्च 2024
67. 'उभरती लेखिका' हिन्दी साहित्य में योगदान के लिए दिल्ली प्राइवेट स्कूल, शारजाह द्वारा प्रदत्त पुरस्कार, 5 सितम्बर 2018
68. उपन्यास 'कारागार' को मॉरीशस पुरस्कार 8 मार्च 2023
69. कहानी-संग्रह 'साँच की आँच' को शब्द निष्ठा पुरस्कार 2023
70. कविता 'माँ तुम मम मोचन' तथा 'तुम बिन जाऊँ कहाँ' साहित्यपीडिया द्वारा पुरस्कृत
71. कविता 'राधा का ध्यान योग' लड्डू गोपाल गोधाम द्वारा पुरस्कृत
72. कहानी 'फ़िबोनाची प्रेम' को शब्द निष्ठा सम्मान प्राप्त व नकद पुरस्कार
73. कहानी 'गजदंत' को कथा समवेत द्वारा 'माँ धनपती देवी स्मृति कथा साहित्य सम्मान 20 दिसम्बर, 2023
74. किस्सागंज भाग-2, किताबगंज प्रकाशन, में 'ऊसरी पुष्पलताएँ' को सर्वश्रेष्ठ कहानी पुरस्कार व एकल काव्य-संग्रह के उपहार की घोषणा, 2 सितम्बर 2024
75. कहानी 'प्रत्यावर्तन' को वामा साहित्य मंच द्वारा 2023 के पूर्वार्द्ध में आयोजित 'डॉ. प्रेम कुमारी नाहटा कहानी प्रतियोगिता' सम्मान व 2000 रुपए का पुरस्कार, सूचना 6 दिसम्बर 2023, पुरस्कार समारोह 11 फरवरी 2024
76. कहानी 'श्याम वर्ण के दर्पण' को 'बिंज हिंदी' द्वारा नेशंल राइटिंग कॉम्पीटिशन में 500 कहानियों में से 26 के अंतर्गत चयनित एवं पुरस्कृत, 4 जुलाई 2022
77. कहानी 'संथारा उत्सव' साहित्यपीडिया द्वारा पुरस्कृत, 30 नवम्बर 2021
78. बालकथा 'इल्ली और प्यूपा' नवचेतना अंतरराष्ट्रीय पत्रिका दोहा, कतर द्वारा पुरस्कृत, 14 नवम्बर 2022
79. 'चाय पर चर्चा' में 'विद्यार्थियों में कला शिक्षण की प्रासंगिकता' वार्ता एक्ट यूनिवर्सल ट्रस्ट द्वारा पुरस्कृत, 20 नवम्बर 2022
80. कथा-दर्पण साहित्यिक संस्था द्वारा आयोजित लघुकथा प्रतियोगिता में 'सर्वे परिणाम' को प्रोत्साहन के साथ सम्मान-पत्र, अक्तूबर 2023
81. 'प्रणाम पर्यटन' तथा 'साहित्य गुंजन' पत्रिका के मुख्य-आवरण पर चित्र प्रकाशित
82. 'साहित्य अर्पण' दुबई संस्था द्वारा प्रशस्ति पत्र
83. उत्तर प्रदेश भाषा संस्थान लखनऊ, इंडियन जरनल ऑफ़ सोशल कंसर्न्स से अंतरराष्ट्रीय शोध-संगोष्ठी प्रमाण-पत्र
84. 'स्वतंत्रता के अमृत महोत्सव' पर काव्य चयन और वैश्विक हिंदी संस्थान द्वारा प्रशस्ति-पत्र

85. शुभ संकल्प द्वारा 'महिला दिवस' पर सम्मान
86. 'माँ हिंदी परिवार' की ओर से डॉ. पंकज साहिल द्वारा सम्मान-पत्र, 3 जनवरी 2024
87. 'हिंदी साहित्य कवि मंच' द्वारा 'साहित्य धारा' उत्कृष्ट पाठ हेतु सम्मान पत्र, 25 अगस्त 2024
88. 'शेख खलीफ़ा अवार्ड' में विद्यालय को योगदान पर प्रशस्ति पत्र
89. 'परम्परा 2011' में उत्कृष्ट कार्य पर विद्यालय द्वारा प्रशस्ति पत्र
90. 'परम्परा 2012' में उत्कृष्ट कार्य पर विद्यालय द्वारा प्रशस्ति पत्र
91. 'पर्यावरण संरक्षण' विश्व स्तर में योगदान पर दुबई सरकार से 2013 में प्रशस्ति पत्र
92. कम्यूनिटी डेवेलपमेंट मंत्रालय, अजमान द्वारा 'अंतरराष्ट्रीय वरिष्ठ नागरिक दिवस' पर हैप्पीनैस सेंटर, अजमान में विशिष्ट योगदान के लिए प्रशस्ति-पत्र, 4 अक्तूबर, 2013
93. 'स्वच्छता अभियान' 2011 में सहयोग के लिए एमिरेट्स एनवायर्नमेंट ग्रुप द्वारा प्रशस्ति पत्र
94. 'पिंक वाकेथोन' ब्रेस्ट कैंसर अवेयरनैस कार्यक्रम 2011 के लिए प्रमाण पत्र
95. यू.ए.ई. के मित्रों द्वारा सम्मान समारोह, गोल्डन वीसा मिलने के उपलक्ष्य में, 21 सितम्बर 2024

विशिष्ट (लेखन पर शोध, समीक्षा एवं अनुवाद) :

1. डॉ. आरती की कहानियों पर कीव यूक्रेन में 2023 में शोध कार्य सम्पन्न
2. कहानी-संग्रहों पर पंजाब की गुरु काशी यूनिवर्सिटी में 2023 में शोध पूर्ण
3. कथा साहित्य पर हरियाणा की बाबा मस्तनाथ यूनिवर्सिटी में 2024 में शोध उपाधि शोधार्थी ऋतु देवी धुलान को प्राप्त
4. मॉरीशस में शोध प्रारंभ, ओडिशा, हैदराबाद, उत्तर प्रदेश, राजस्थान, केरल, दिल्ली के विश्वविद्यालयों में शोधकार्य जारी
5. पुस्तक 'डॉ. आरती 'लोकेश' की साहित्य सुरभि', संपादक डॉ. पूनम अहलावत डॉ. उर्मिला देवी चौधरी द्वारा 2022 में प्रकाशित
6. कहानी 'मोह का ताना-बाना' का पंजाबी भाषा में अनुवाद एवं श्री तेजिंदर चंडिहोक जी की पुस्तक 'रिश्तियाँ दे धरातल' में शामिल
7. अनुवादित साहित्य की एकमात्र बांग्ला पत्रिका 'अनुवाद पत्रिका' में कहानी 'लॉकेट' का बांग्ला अनुवाद सुश्री बेबी कारफोरमा द्वारा प्रकाशित
8. 'साँच की आँच', 'उफ़नता लावा', 'रविवार की वह शाम', 'चीरफाड़ वाली डॉक्टरनी' तथा 'फ़िबोनाची प्रेम' का यूक्रेनी शोध छात्रा दरीना द्वारा यूक्रेनी भाषा में अनुवाद
9. उपन्यास 'कारागार' का अंग्रेज़ी व थाई भाषा में अनुवाद जारी, 'रोशनी का पहरा' का मलयालम में अनुवाद जारी
10. डॉ. दीपा रस्तोगी, डॉ. उर्मिला चौधरी, डॉ. प्रदीप श्रीवास्तव, डॉ. मनोज प्रीत, श्रीमान प्रेम विज, कौसर भुट्टो, डॉ. अरुण कुमार निषाद, श्री मुकेश दुबे, श्रीमती मीरा ठाकुर द्वारा की गई पुस्तक-समीक्षाएँ 'गर्भनाल', 'सामयिक परिवेश', 'अनन्य यू.ए.ई.', 'प्रणाम पर्यटन', 'समीक्षा के पल', 'दैनिक उत्तम हिंदू', 'सेतु', 'हस्ताक्षर', 'दस्तक दर्पण', 'जरनल ऑफ़ एडवांस एंड फ़्यूचर

रिसर्च' में प्रकाशित

साझा-संग्रह :

1. 'सीप में समुद्र' लघुकथा संग्रह (अयन प्रकाशन)
2. 'राम काव्य पीयूष' काव्य-संग्रह (श्री राम चरित भवन)
3. 'कृष्ण काव्य पीयूष' काव्य-संग्रह (श्री राम चरित भवन)
4. 'रामायण के मोती' आलेख-संग्रह (श्री राम चरित भवन)
5. 'माँ' काव्य-संग्रह (साहित्यपीडिया पब्लिशिंग)
6. 'कोरोना' काव्य-संग्रह (साहित्यपीडिया पब्लिशिंग)
7. '21 श्रेष्ठ युवामन की कहानियाँ' कहानी-संग्रह (डायमंड बुक्स)
8. 'मेरे पापा' काव्य-संग्रह (पांखुरी प्रकाशन)
9. 'राम हाइकु पीयूष' (श्री राम चरित भवन, ह्यूस्टन)
10. 'भारत काव्य पीयूष' काव्य-संग्रह (वैश्विक हिंदी संस्थान, ह्यूस्टन, यू.एस.ए.)
11. 'कथारंग' सृजन वार्षिकी (गायत्री प्रकाशन) 2021
12. 'कवियों पर कविता' संग्रह तंज़ानिया से प्रकाशित (डॉ. ममता सैनी के संपादन में)
13. 'रिश्ता' लघुकथा संग्रह (डॉ. दिनेशमणि त्रिपाठी द्वारा संपादित)
14. 'विवशता' कहानी संग्रह (डॉ. प्रवेशकारी द्वारा संपादित)
15. 'कथाकार' कहानी-संग्रह (नोशनप्रेस द्वारा प्रकाशित)
16. कथारंग 2022 : देश-देशांतर की कहनियाँ और विमर्श में 'फ़िबोनाची प्रेम' कहानी पर विमर्श (हंस प्रकाशन)
17. 'बिटिया की पाती बाबुल को' पत्र-संकलन, डॉ. सूरज सिंह नेगी के संपादन में
18. 'डाकिए को पत्र' पत्र-संकलन, डॉ. सूरज सिंह नेगी के संपादन में
19. 'लिख दूँ पाती यादों के गलियारे से' पत्र-संकलन, डॉ. सूरज सिंह नेगी के संपादन में
20. 'कथारंग' आज़ादी के अमृत-काल को सहेजे साहित्य-वार्षिकी (गायत्री प्रकाशन) 2022-23
21. 'साहित्य स्वर' भारत-दुबई साझा संकलन (शुभ-संकल्प प्रकाशन)
22. पंचम अंतरराष्ट्रीय रामायण अधिवेशन में शोध-पत्र सम्मिलित (श्री राम चरित भवन, ह्यूस्टन)
23. 'दुबई में हिंदी' डॉ. जे.के. डागर व डॉ. सुधीर शर्मा द्वारा संपादित पुस्तक में 3 कविताएँ
24. 'शब्द की हाँडी में संवेदनाएँ' स्नेह गोस्वामी द्वारा संपादित पत्र शैली की लघुकथा में 'गोधूलि की बेला'
25. 'आओ सुनो कहानी' निवेदिता चक्रवर्ती के संपादन में युगानुगूँज द्वारा प्रकाशित 2 बाल-कथाएँ 'पक्का रंग' व 'भूखा बस्ता' जनवरी 2024
26. 'विश्व में हिंदी' टैगोर विश्वविद्यालय भोपाल, डॉ. जवाहर कर्णावट द्वारा संपादित, 'श्येन परों पर ठहरी हिंदी' 2023
27. 'धारा के विरुद्ध' बलजीत भारती द्वारा संपादित लघुकथा-संग्रह में 5 लघुकथाएँ

28. ‘इंद्रधनुष के सप्त रंग’ बलजीत भारती द्वारा संपादित कविता-संग्रह में 10 कविताएँ
29. ‘दरख़्त-ए-ज़र्द’, ऋतु शर्मा नंनन पांडे द्वारा संपादित में 5 कविताएँ
30. ‘21वीं सदी के 2121 कवि’ राजभाषा पर कविता-संग्रह (कलम की सुगंध), संपादक संजय कौशिक
31. ‘मन का मनका फेरते’ अयन प्रकाशन में 10 दोहे, संपादक डॉ. इंदु गुप्ता
32. ‘माई को पत्र’ पत्र-संकलन, डॉ. सूरज सिंह नेगी के संपादन में
33. ‘प्रवासी हिंदी गूँज उठी’ में भारत पर कविता, संपादन- रमा पूर्णिमा शर्मा, कविता ‘प्रवासी भारतीय सुन जाना तुम!’
34. ‘इंद्रधनुष के रंग’ श्रेष्ठ कहानीकारों की श्रेष्ठ कहानियाँ – शशि पुरवार के संपादन में ‘फ़िबोनाची प्रेम’
35. ‘वैश्विक लघुकथा पीयूष’ 201 लघुकथा-संग्रह (वैश्विक हिंदी संस्थान, ह्यूस्टन, यू.एस.ए.) में 8 लघुकथाएँ
36. ‘दुबई काव्य संध्या’ संपादक डॉ. रेखा कुमारी, साहित्य संचय प्रकाशन, 5 कविताएँ
37. ‘मुट्ठी में जुगनू’ स्वयंयुग पब्लिकेशन, मेघा राठी के संपादन में लघुकथा ‘सर्वश्रेष्ठ से श्रेष्ठ’
38. ‘थे मजा करो महाराज’ शिवना प्रकाशन में ‘क्रांतियुक्त कांतिमान लावा की धारा -अभी अँधेरा है’ आलेख
39. ‘प्रवासी अमृतांजलि’ में कविताएँ, संपादन- डॉ. दुर्गा सिन्हा ‘उदार’ व चित्रा गुप्ता
40. ‘वैश्विक हिंदी-लघुकथाएँ’ प्रवासी लघुकथाकार संकलन डॉ. रामनिवास मानव द्वारा संपादित में 5 लघुकथाएँ
41. ‘प्रेम कलश’ दिव्यांग विमर्श पर एस.जी.एस. सिसोदिया के संपादन में, 3 लघुकथाएँ
42. किस्सागंज भाग-2, किताबगंज प्रकाशन, मुकेश दुबे द्वारा संपादित में ‘ऊसरी पुष्पलताएँ’ 2024
43. ‘प्रवासी हाइकु कोश’ (डॉ. जगदीश व्योम) में 20 हाइकु
44. ‘ज़िंदगी के भाव रचनाकार’ बलजीत भारती द्वारा सम्पादित कहानी-संग्रह में- ‘लॉकेट’
45. ‘यादों के झरोखों से’ बलजीत भारती द्वारा संपादित संस्मरण-संग्रह में- ‘दुर्घटना की दुआ’
46. ‘21वीं सदी की 21 श्रेष्ठ कहानियाँ’ बलजीत भारती द्वारा सम्पादित कहानी-संग्रह में- ‘नुक्ताचीनी’
47. 'समीक्षा के दर्पण में', यू.ए.ई. की प्रवासी काव्य कृतियों की समीक्षाओं में, डॉ. संजय अनंत की समीक्षात्मक कृति, सितम्बर 2025, 'छोड़ चले कदमों के निशाँ', 'प्रीत बसेरा' और 'षड्गंधा' की समीक्षा
48. ‘कुछ कहानियाँ परदेस से’ श्रेष्ठ प्रवासी महिला साहित्यकार की कहानियाँ, आचार्य राजेश कुमार के संपादन में, कहानी 'प्रवासी लेखिका का फेंगशुई'
49. 'प्रवास मेरा नया जन्म', डॉ. रामा तक्षक द्वारा संपादित, ‘दुबई क्रीक पर सुनहरी जीवन लहरें' नामक संस्मरण
50. 'प्रवासी कथामृत', डॉ. विमला व्यास जी द्वारा संपादित पुस्तक में कहानी 'श्याम वर्ण के दर्पण'

मुख्य गतिविधियाँ :

1. 250 से अधिक रचनाएँ पत्र-पत्रिकाओं में प्रकाशित
2. 50 से अधिक साझा-संग्रहों में उपस्थिति
3. 30 से अधिक विदेशी पत्रिकाओं में योगदान
4. 50 से अधिक कार्यक्रमों में वक्ता
5. 40 से अधिक कार्यक्रमों में अध्यक्षता / मुख्य अतिथि / विशिष्ट अतिथि की भूमिका
6. 10 शोध-पत्रों व प्रपत्रों का लेखन व वाचन
7. 30 देशों की यात्रा
8. 35 विभिन्न कार्यक्रमों का आयोजन
9. 25 विभिन्न कार्यक्रमों में मंच संचालन
10. 75 से अधिक विभिन्न मंचों पर कविता पाठ
11. 25 अंतरराष्ट्रीय मंचों पर कहानी/गद्य पाठ
12. 20 प्रसिद्ध महानुभावों द्वारा साक्षात्कार
13. 15 कार्यक्रमों में शोध-पत्र/समीक्षा वाचन
14. 10 से अधिक पुस्तकों की प्रूफ़ रीडिंग

लेखक पेज : https://www.amazon.com/author/drartilokesh
https://notionpress.com/author/314504

कविता कोश : Kavitakosh.org/kk/आरती_'लोकेश'
51 से अधिक कविताओं को कविता कोश में स्थान

फेसबुक : https://www.facebook.com/arti.goel.lokesh

संपर्क : arti.goel@hotmail.com; arti.goel1@gmail.com

वर्तमान : Dubai. U.A.E.

स्थायी पता : यमुना विहार, दिल्ली 110053

www.ingramcontent.com/pod-product-compliance
Lightning Source LLC
LaVergne TN
LVHW051043210926
848486LV00001B/6